시간 바깥의 시어둠

57

시간 밖의 시간으로

허 석

수 필 집

도서
출판 경남

■ 책을 내면서

우리는 시간 속에 산다. 자연의 시간보다 인간이 만든 시간 속에 갇혀 산다. 속도로 대변되는 현대사회는 앞만 보고 달려가는 현재의 시간만 존재한다. 주어진 시간 안에서 초를 다투고, 효율과 합리를 따지고, 집착과 욕망을 부풀리며 살아간다. 과정보다는 결과, 가치보다는 성과만 요구하는 시간이다. 되돌릴 수도, 늦출 수도, 멈추지도 않는 시간 속에 살면서 점점 시간의 노예가 되어가고 있다.

시간 밖의 시간에서 세상을 바라보고 싶었다. 그것은 치열한 삶의 시간에서 벗어나 은퇴의 나이가 된 시점일 수도 있고, 세상 안과 밖의 경계일 수도 있고, 관습화된 일상 밖에서 나 자신을 들여다본다는 의미일 수도 있다. 무엇보다 왜 사는 것이며, 어떻게 살아야 제대로 사는 것인지 되짚어보고 싶었다.

지금까지 살아온 세상에서 허물 벗기를 하는 중이다. 너무 빨리 달려 내 영혼이 따라오지 못할까 봐 가끔 말에서 내려 되돌아본다는 인디언처럼, 잘못 살아온 것을 반성하고 그동안 무사히 살아온 것에 대해 감사하는 시간으로 산다. 내가 내 안으로 달려가는 존재의 시간이다.

이 글은 시간 밖에서 바라본 세상이다. 남이 아니라 나를 위한 시간, 겉이 아니라 속을 들여다보는 시간, 속도가 아니라 방향을 중요시하는 시간이다. 무거운 삶의 시간을 비웠기에 또 다른 온전한 시간을 채워 넣을 기회가 된 것 같다. 그 시간 밖의 시간으로 삶의 행간을 읽어보았다.

2020. 10. 1

허석

차례

책을 내면서 4

제1부

초록으로 세상을 읽다

덩굴손	13
호미, 그 의미를 읽다	17
무궁화꽃이 피었습니다	23
숫돌을 읽다	27
콩나물 촌감寸感	32
안개에 대한 기억	37
냇내, 그리움을 품다	42
물독, 그 어느 날의 기억	48
업경業鏡	53

제2부

마음의 나침반을 따라가다

흠집	61
친구를 찾을 나이	66
길 위에서 길을 찾다	71
새끼손가락	75
칡덩굴을 걷어내다	79
천성天性	84
나체화 속의 여인	89
바보네 가게	93
반딧불이의 독백	98

제3부 연필로 사랑을 쓰다

밥상	107
예고 없는 이별	112
고향, 풍경으로 읽다	117
요양원 가는 길	123
삐비꽃이 피었네!	129
늦은 오후의 사랑	134
외딴섬	139
벌초하는 날	145
등받이	151

제4부 　쉽게 사는 연습을 하다

시골집에 살면서	159
옛길을 걷다	164
거기 빈 의자가 있었다	169
닭장에서	175
겨울 아침에	180
시간 밖의 시간으로	184
파리잡이 끈끈이	190
둥지, 나를 내려놓다	195
문間, 문門을 열다	200

1부

초록으로 세상을 읽다

덩굴손

호미, 그 의미를 읽다

무궁화꽃이 피었습니다

숫돌을 읽다

콩나물 촌감寸感

안개에 대한 기억

냇내, 그리움을 품다

물독, 그 어느 날의 기억

업경業鏡

덩굴손

동살이 터온다. 어둠이 뒷걸음질한 자리에 희붐한 빛다발이 한 움큼씩 발을 들여놓는다. 성하의 하늘빛이 간밤에 놀고 간 흔적이 뜰안에 분분하다. 별빛 마당의 대기는 청정한 고요로, 달빛 창가의 바람은 모시색으로 물들었다. 새벽이슬 품은 잎사귀들이 젊은 새내기마냥 새뜻한 웃음이다. 벌 나비는 아직 보이지 않는데 꽃들은 해맞이에 소리 없이 분주하다.

세숫대야만 한 골목 어귀 하늘에 연둣빛 아지랑이가 하늘거린다. 담장 위로 고개를 내민 실낱같은 생명체, 햇귀를 맞으며 창공을 향해 무작정 손을 뻗은 덩굴손이다. 조류에 흔들리는 말미잘처럼 한 줄기 실바람에 온몸이 휘청거린다. 의지가지없는 듯 작은 중력에도 허리가 꺾일 듯 위태롭다. 농현 줄처럼 떨고 있는 둥근 손, 살아내야

시간 밖의 시간으로
●
13

한다는 앞날의 두려움에 귀때기가 파랗다.

수채화 같은 손가락, 아기 피부처럼 여리지만 물오른 버들가지처럼 탱탱하다. 가냘프고 수줍어서, 건드리면 '흡'하고 오므라들 감응식물처럼 매사에 조심스럽다. 꾸미거나 뽐냄도 없고, 야무지거나 당당해 보이지도 않는다. 탈피각으로 세상을 거듭나는 애벌레처럼 꼬물꼬물 겨드랑이마다 새물내가 풍겨 나올 것 같다. 생존을 위한 도구로는 섬섬하기 그지없는 손이지만 매몰찬 여름 태풍도 아랑곳하지 않는다.

후방에서 진두지휘하는 장군의 기세가 아니다. 곤충의 더듬이처럼, 군대의 전초병처럼 선두에 나서서 길을 개척하는 고성능 레이더망이고 최정예 상륙부대이다. 몸이 따라가야 할 방향을 여는 뱀의 혓바닥이다. 단어를 끌고 가는 접두사다. 좌표도, 나침반도 없이 달랑 괴나리봇짐 둘러메고 삶의 여정을 떠나는 외로운 나그네이기라도 한 걸까.

신의 지문일까. 더듬어도 잡히지 않는 삶에 손끝마다 물음표다. 해독할 수 없는 상형문자처럼 뭔가 비밀스러운 이야기가 숨겨져 있는 것 같다. 손가락을 오므렸다 폈다, 주먹을 쥐었다 풀었다, 소리 없는 손이 말하는 수어手語처럼 무슨 말을 하고 싶었던 걸까.

원근도 없는 안개 같은 세상이다. 어디로 가야 할지, 제대로 가고 있는 것인지 미처 알지 못하는 무력감이 때때로 슬프다. 불확실한 삶의 행보가 불안하고 초조하다. 나선형의 시간을 엮는 줄기와 올망

졸망한 잎들이 발밑에서 아우성이다. 남들은 제 길을 가고 있는데 나만 홀로 미궁 속에서 헤매고 있는 것은 아닌지, 그 내려놓을 수 없는 책임감에 목덜미가 서늘하다.

내 자리, 내 것에 대한 권한은 애초부터 없었다. 고작 남의 영역에 더부살이, 노숙자처럼 잠시 머물다 마른 삭정이로 소멸할 뿐이다. 세상이 만만한 게 아니다. 타감 작용의 물질을 뿌려 다른 식물의 생육을 저해하거나, 가시나 독으로 무장한 채 자기 울타리를 견고히 방어하거나, 빈틈없이 옆 가지를 늘려 햇빛을 독차지하려는 기세 등등한 나무들에 둘러싸여 날품팔이하듯 변방을 기웃대며 살아내야 한다. 힘은 부치지만 운명은 운명대로, 조건은 조건대로 받아들이는 것도 자기를 아끼고 사랑하는 일이나. 오직 내 힘으로, 맨몸을 무기로 물수제비뜨듯 세상과 맞장 뜰 뿐이다.

거미가 진감을 통해 먹이를 분별하듯 덩굴손은 촉감을 통해 견고를 변별한다. 깨끼발로 붙잡은 작은 나뭇가지, 어느새 꼭 쥔 손을 놓치지 않으려 공중곡예 하듯 온몸의 체중을 싣는다. 사지를 뻗어 암벽타기를 시작한다. 가시덤불이건, 지푸라기건 손만 붙잡을 수 있다면 생生 하나 일으키는 것은 아무것도 아니라는 간절함이다. 적진 향해 무작정 달려가는 초보 전투병처럼 몸을 사리거나 움츠러드는 일은 없다. 튼튼한 교량 하나 놓을 수만 있다면 밟혀도 꺾이지 않고, 넘어져도 다시 일어설 각오는 이미 되어 있다.

치열하게 산다는 것은 누군가를 책임지겠다는 거였다. 누구에게

나 각다분한 인생이지만 어떤 시련과 좌절도 견디어내는 것은 사랑과 희생을 쏟을 대상이 존재하기 때문이다. 그것이 살아가는 힘이고 동기부여였다. 고통에 익숙한 영혼은 없게 마련, 단지 가보지 못한 길에 대한 두려움과 막막함일 뿐이었다.

그래도 세상살이는 힘들다. 손을 뻗어 무엇이든 붙잡으려 하지만 허방다리를 짚듯 아무것도 없는 허공이다. 하늘로 곧추섰던 덩굴손에 스르륵 힘이 빠진다. 길을 잃고 헤매는 누군가에게 친절을 베푸는 행동이 그렇게 쉬운 일만은 아닌 세상이다. 담장 위에 막대기 하나 올려주는 작은 성의마저 무심코 지나치지는 않았던가.

손을 잡는다는 것, 그것은 관계의 시작이고 세상을 확장하는 일이다. 삶에 대한 애정이며 존재에 관한 관심이다. 낯설고 투박할지라도 마주 잡은 손에는 따뜻한 긍정의 힘이 흐른다. 세상이 그에게 무언가를 기대하고 있다거나, 살아내면 무언가 좋은 일이 있을 것이라는 점을 일깨워 주면 누구든 결코 자신의 삶을 내던지지 않을 것 같다.

덩굴손에 가만히 손을 대어본다. 갓난아기의 꼬물거리는 손가락이 빙그레 내 엄지 하나를 꼭 쥐어오는 것 같다. 꽃 결보다 부드러운 연둣빛 살결 위로 하얀 꿈이 걸어 나온다. 허공을 움켜쥐고 있던 덩굴손 끝에 배시시 내미는 배냇니, 햇살 한 움큼 베어 물고 살며시 눈 뜨고 있다.

호미, 그 의미를 읽다

비탈진 떼기밭에 아낙들이 따개비처럼 붙어 있다. 뙤약볕 내리쬐는 여름 한낮도 아랑곳없이 김매기에 열심이다. 시간도, 공간도 흐름을 멈춘 듯 바르비종파의 어느 화가가 그린 한 폭의 풍경화를 보는 것 같다. 둥글게 몸을 말아 바닥에 웅크리고 호미 쥔 손으로 후비적후비적 땅을 긁으며 늙은 오리걸음을 한다.

호미 놀림이 날래고 능수능란하다. 몸 일부분처럼 유연하고 자연스러워 천의무봉의 재주를 부리는 것 같다. 잡다한 풀뿌리들은 흙투성이 맨손으로 뒷정리하느라 덩달아 바쁘다. 머릿수건 동여맨 이맛살에 석류알 같은 땀방울이 흘러내려도 일삼아 훔쳐낼 겨를이 없다. 밭이랑을 자식새끼처럼 끌어안고 양육하는 아낙들 머리 위로 구름한 자밤 햇살을 가려주며 지나간다.

시간 밖의 시간으로

흙을 파고, 긁고, 무두질하듯 북을 돋운다. 가뭄에 가려웠던 지표를 등긁이처럼 헤집어놓으면 땅속 임자들은 혼비백산이다. 뛰고, 구르고, 더 깊이 파고들며 순식간에 흩어진다. 싹트는 풋것들의 자궁으로부터 따스한 신음 소리 들려오고 땅이 발효되는 훗훗한 냄새가 코끝을 간질인다. 쟁쟁한 햇살의 알갱이들이 땅속에 침잠해 있던 습한 외로움을 달래는 사이 어디선가 갓 쪄낸 옥수수 냄새가 풍겨온다.

호미를 눈으로 품어본다. 사마귀처럼 날씬하면서도 유려한 몸태를 가진 반물빛이다. 가냘픈 나뭇가지 끝에 매달린 잎새처럼 쇠 날의 역학적 구조는 달빛 아래 수줍어 고개를 살짝 비튼 여인네의 목선을 닮았다. 날과 손잡이의 은근하고 대담한 곡선이 버선 수눅선같이 멋스럽고 매력적이다. 팔뚝 길이도 안 될 만큼 단아하지만, 한편으론 세상 무서운 것도 없다는 듯 강단 있는 모습이다.

가볍지도 무겁지도 않은 중량감, 손안에 노는 무게중심, 착 감겨오는 손잡이의 감촉이 여자들의 농기구로 안성맞춤이다. 온몸을 이완시켜 팔뚝의 무게를 손가락에 실어내는 운궁법이라도 익힌 것일까. 남자의 완력이나 중력은 없어도 알맞게 당기는 힘 하나로 세상의 모든 생명을 심고, 키우고, 꽃 피운다.

새싹의 형상이고 생명력의 상징이다. 안에서 밖으로 내치는 적 없이 밖에서 안으로 움켜서 그러모아 대지를 품 안에 거둔다. 캄캄한

밤길을 여는 등불이고 마른논에 물꼬를 트는 척후병이다. 땅속을 누비는 마술사처럼 호미가 닿는 곳마다 길이 생겨나고 바람이 들썩인다. 부드러운 손길로 땅을 보듬고 달래는 사이 씨앗은 보금자리를 만들고 열매는 속살을 살찌운다.

가시적이거나 화려한 것과는 거리가 멀다. 맨땅을 힘껏 내리치거나 깊숙이 파고들지도 못하고 낫처럼 무엇이든 섬뜩 베어본 적도 없다. 남보다 앞서지도 못하고 무슨 일을 해도 눈에 띄지도 않는다. 쪼그려 앉아야 하는 작업은 허리가 끊어질 듯 힘들고 불편함이 이만저만 아니다. 보이지 않는 곳에서, 주어진 조건과 환경에 묵묵히 최선을 다해 살아가는 일처럼 그저 한 걸음씩 쉬지 않고 앞으로 내딛는 방법뿐이다. 어쩌면 대장간 모루 위에서 담금질될 때부터 예견된 인생이었는지도 모른다.

인적 없는 폐가가 마을에 드문드문하다. 무너진 담장 곁에 홍자색 싸리나무꽃들이 총상화서로 애처롭게 피었다. 어느 외진 허청에 대끊긴 유산처럼 호미 하나 덩그러니 걸려 있다. 주인이 누구였는지, 물살에 제 살을 깎인 몽돌처럼 쇠 날은 닳아 뭉툭하고 손잡이는 낡아 푸석하다. 새척지근한 땀내가 댓잎 그림자처럼 흔연히 지나간다. 저 작은 호미 하나가 삶의 전부이고, 생生을 버텨낸 유일한 무기였을 어느 여인의 생애가 읽힌다.

그녀도 보릿고개를 견뎌내고 생때같은 식구들 목숨을 거두느라

인고의 세월을 보냈을 것이다. 어떻게 하면 내 식구 배불리 먹일 수 있을까, 거품을 물고 일터에서 돌아와 다 헐은 혓바닥으로 송아지를 핥아주던 어미 소처럼 그저 가세와 가족을 위해 모든 것을 수고하고 희생하였을 것이다. 쓰고, 짜고, 매운맛은 자신이 삼키고 자식들에게는 온전히 단맛만 물려주려고 꼬부라질 듯 동그라미가 된 몸으로도 호미를 손에서 놓지 못하였을 것이다.

본때 없는 가난은 질기고도 지루했으리라. 송곳 꽂을 땅도 없는 궁핍 속에서 무슨 일이든 닥치는 대로 해내야 했을 것이다. 손에는 호미가 갈퀴 손처럼 매달려 눈길 가는 곳마다 후벼대는 것이 습관이 되었고, 빈 땅이라면 무텅이나 부룩까지 해서라도 곡식 한 톨이라도 더 수확하려고 억척스러웠을 것이다. 여자로서 누려야 할 행복과 유열이라는 게 따로 있었을까. 앉으나 서나 일밖에 모르는 지난한 삶에 지친 몸 한 번 제대로 펴보지 못하는 날들이었으리라.

호미질하다가 냅다 내동댕이쳐버리고 싶은 날도 있고, 때로는 하늘에다 호미를 휘두르며 세상의 도린곁을 따져보고 싶지는 않았을까. 허우룩한 빈속에 맹물 같은 한숨을 내쉬다가도 그때마다 삶의 방편 또한 이 땅밖에 없음을 알고 밭머리건 논두렁이건 붙박이처럼 매달렸으리라. 허구한 날 가슴이 타고 등뼈가 휘는 날들이었지만 그 고통마저도 낙으로 삼아 잡초처럼 끈질기게 땅을 움켜쥐고 일어섰을 것이다.

호미를 거머쥔 그 여인들의 손이 우리를 존재하게 한 원천적인 힘

허석 수필집
●
20

이 아니었을까. 손톱도 뭉개지고 나무껍질같이 거칠어졌지만 어떤 씨앗이든지 잘도 싹 틔우고 싱싱한 열매를 맺게 하는 마법의 손이었다. 흙의 습성과 기운을 잘 알고 비와 바람, 햇빛과 교감하며 불가능도 가능하게 만드는 신비의 손이었다. 흙내와 퇴비 냄새가 온몸에 켜켜이 배였지만 세상 무엇이든 망설이거나 피하지도, 두려워하거나 더러워하지도 않고 생명의 물터를 잉태한 거룩한 손이었다.

만추의 낙엽 하나가 그 메마른 무게로 계절을 바꾸었듯이 작고 가벼운 호미지만 결코 가볍지 않은 삶의 무게를 지녔다. 녹진한 세월을 증명이라도 하듯 살이 빠져나간 자리에 쇠골이 깊어졌지만 그들의 세상은 특별하고 위대했다. 오장육부를 떼어주고 뼈를 갈아 자식 몸에 붙여주느라 낡고 닳아 조막손 같은 정물화로 남은 호미, 이 땅의 여인들이 살아온 이력서이고 삶의 얼굴이다.

저녁노을이 붉게 물들고서야 석고처럼 굳어버린 허리를 붙잡고 아낙들이 하나둘 밭고랑을 걸어 나온다. 서 있는 것이 죄이기라도 한 듯 주위를 두리번거리며 빈터마다 후비적대는 호미질은 여전하다. 풀어낸 머릿수건 사이로 순박한 웃음이 육덕지고, 석양에 길들여진 걸음걸이가 풀벌레 울음에 풍요하다.

시골도 점점 도시화, 현대화되어간다. 밭일하는 아낙들도 늙수그레한 노인들뿐이다. 아릿한 슬픔의 여운이 의문형의 입자가 되어 안개처럼 불현듯 몰려온다. 저 계절이 끝나면 호미를 든 저 여인들도

가뭇없이 사라져버리는 것은 아닐까. 초가지붕 위의 박덩굴이나 탱자나무 울타리처럼 서정시 같은 자연 하나를 잃어버릴 것 같은 아쉬움이다.

쉽고 편한 것만 좇는 세상이다. 손에 흙 묻히고 산다는 것이 쉬운 일은 아니다. 농사가 일확천금이나 인생 역전을 꿈꾸는 돈벌이가 되지도 않는다. 영농이 날로 과학화, 기계화되어 예전보다 훨씬 편해진 것은 사실이지만 그것은 노동력이나 생산성과 관계되는 일일 뿐, 사랑과 정성이 바탕체인 호미의 역할은 여전히 유효하다.

땅이 죽으면 사람이 죽는다는 생각으로 그저 해마다 농사일이 물레방아처럼 습성화된 사람들, 그들이야말로 진정 땅을 사랑하는 사람들이 아닐까. 흙에 대한 본성과 애착 없이, 정情에 대한 근원과 믿음 없이 저 땡볕에 구슬땀을 흘릴 수는 없는 일이다. 마늘이며 감자며 정성으로 길러 철마다 자식들에게 보내주는 성스러운 의식도, 깊고 푸근한 맛으로 잘 발효된 된장처럼 알토란 같은 삶도 결코 놓치고 싶지 않은 일이다.

저들의 삶은 청신하고 순란하여 아침 햇살을 받은 호박꽃처럼 눈부시다. 생명의 등불을 밝히며 봄 안개처럼 눈물겨운 향기로 영혼을 일깨워 주는 이름이다. 등은 호미처럼 굽고 햇볕에 그을려 주름진 얼굴이지만 세상에서 가장 아름다운 꽃이다.

무궁화꽃이 피었습니다

수채화다. 강렬한 원색으로 호사스럽게 덧칠한 유화가 아니다. 만신창이로 터지는 피 묻은 색소나 불붙은 화염의 유혹과도 거리가 멀다. 눈물겹도록 하얗고, 아리도록 떨려오는 연보라는 자연이 선물한 신비의 색이다. 구름 한 자밤, 바람 한 움큼, 여름날 별빛 한 모숨으로 그려낸 영감 있는 화가의 솜씨다.

그들이 춤을 춘다. 맵시 고운 한복의 자태로 원형으로 모여 화심花心을 이루고, 한지 같은 꽃잎부채를 밖으로 활짝 펼쳐 도란형의 통꽃을 만든다. 꽃잎이 따로 떨어지지 않은 화합이고 통합이다. 오이씨 같은 버선, 어여쁜 까치발이 화맥花脈으로 모였다. 나비들 열두 폭 치맛자락으로 날갯짓하고 바람 물결 따라 꽃잎들 나울나울 춤사위를 시작한다. 하늘은 파랗고 부채춤의 군무는 눈부시다.

시간 밖의 시간으로

23

우아하지만 결코 귀족적인 행세는 아니다. 당당하지만 오만하지 않고 빛나지만 뽐내지 않는다. 어떤 독이나 가시도 품지 않았다. 잔털 하나 없는 줄기, 굽히지 않는 가지의 심성은 지智와 정正과 의義를 품었다. 겸허하고 소쇄하고 순결하여 군자의 꽃답게 그 결곡한 자태를 흩트리지 않는다. 저렇게 고운 꽃을 그 들풀 같은 나무에서 어떻게 피워냈을까. 질그릇처럼 소박하고 베적삼처럼 수수하다.

마법사가 따로 없다. 새벽에 피었다가 저녁이면 바닥에 떨어져 생을 마감하였는데도 다음 날 아침이면 어제 본 그대로다. 그루마다 3천여 송이나 되는 꽃봉오리들이 연이어 새로운 꽃들로 백여 일 동안 끊임없이 피어난다. 한꺼번에 피었다 지는 한 번만의 영화가 아니다. 버려야 산다는 듯이 오늘의 영광이 내일로, 일신우일신 하듯 성공을 뛰어넘어 미래의 새로운 가치를 창조하는 일이다. 두 팔에 이마를 묻은 채 '무궁화꽃이 피었습니다.'를 외치고 눈을 꺼엄~뻑 감았다 뜨면 세상은 낯선 곳처럼 눈부시고 정지된 시간이 다시 움직이기 시작하는 것처럼.

화려하게 피었다 지면 그만인 것이 국가 경영이나 민족의 역사가 아니다. 개인은 한순간일지라도 국가나 국토는 끝이 없이 영속성을 지녀야 한다. 하루의 시간은 꽃송이처럼 피고 지지만 한 그루의 나무는 영원히 꽃 피어 있는 민족의 상징이다. 잘못이나 실수가 있었을지라도 뒷날의 무궁한 발전과 번영의 토대로 삼고 미련 없이 거름의 역할을 하면 되는 것이다.

인내와 끈기는 우리의 민족성이다. 아무리 험난하고 힘든 과정에도 끝내 굽히거나 포기하지 않는 자강불식의 기상을 가졌다. 어쩌면 무궁화는 의병의 꽃인지도 모른다. 나라가 위급할 때 끊임없이 일어서고 또 일어서고, 애국충정으로 무장한 이름 모를 의병이나 독립군은 무궁화의 얼이고 혼이다. 이 땅 어디에도 그들의 영혼이 살아 숨 쉬지 않은 곳은 없다. 그들의 의롭고 거룩한 희생이 없었다면 이 강토가 어떻게 보존되었겠으며, 어떻게 지금처럼 자유 민주주의의 평화로운 삶을 누릴 수 있었을까.

단군 이래 오천 년 동안 한반도에 지천으로 피어 한 번도 우리 곁을 떠난 적이 없는 무궁화였다. 간도 지역에도, 땅끝마을 해남에도, 응회암 덩어리인 독도에도 터줏대감처럼 고고하게 피어 있었다. 배달민족이 모두 흠모하는 꽃인데도 어떻게 오래된 나무 한 그루가 없을까. 누가 이 강토의 무궁화를 뿌리째 뽑아버렸는가. 누가 이 민족을 싫어하고, 누가 이 나라가 축복받는 것을 시기하고 질투하는가.

세상에 꽃답지 않은 꽃이 어디 있다고 꽃을 탄압하는가. '보기만 해도 핏발이 선다.'라며 '눈에피꽃'이며, '보면 부스럼이 생긴다.'라고 '부스럼 꽃'이 말이 되는가. 배달국 치우천왕을 따라 순국한 근화 왕비의 무덤에서 피어나 사랑의 넋이 되어 나라 전체로 퍼뜨렸다는 무궁화가 그들의 눈에는 그런 염병할 꽃으로밖에 보이지 않았는가. 자신들의 과오를 속죄하기는커녕 우리 민족의 영혼을 짓밟고자 하는 야욕은 아직도 진행형이다.

시간 밖의 시간으로

무궁화 앞에 서면 설레듯 심장이 요동쳐 온다. 가슴으로 전해오는 먹먹한 결의, 그 속에 우리만의 언어와 정서와 시간이 배여 있기 때문이다. 한탄과 포한으로만 회억될 일은 아니다. 잊지는 말되 버릴 것은 버려야 한다. 과거의 치욕은 반성하고 승화하여 무궁화처럼 오늘은 오늘의 꽃으로 탈바꿈해야 한다. 지나온 역사 교훈을 확고히 인식하되 이를 기반으로 새로운 동북아시아 시대를 열어가는 데 우리가 주인공이 되어야 한다. 무궁화의 기상처럼 의연하고 담대하게 이 땅을 부지런히 개간하여 풍요롭고 부강한 나라를 건설할 일이다. 우리가 무궁화를 이렇게 사랑하는 한, 누가 한 뼘의 땅인들 쉽게 넘볼 수 있을 것이며 누가 한 치의 망언인들 함부로 소리 낼 수 있을까.

뜰 안에 무궁화가 활짝 피었다. 한여름 폭염도, 매몰찬 태풍도 아랑곳하지 않고 피고 또 피어오른다. 꽃마다 휘날리는 태극기다. 날마다 광복절이다.

숫돌을 읽다

어느 시골 마을에 빈집들을 둘러본 적이 있다. 잠시 거주할 요량이었는데 '편리'보다 '운치'를 찾고 있었다. 마을 끝자락에 자그마한 집이 마음에 들었다. 겉과 뼈대는 그대로 두고 실내 일부만 개량한 옛집이었다. 일자형 안채와 아래채, 손바닥만 한 텃밭까지 갖춘 집 구조가 아기자기하다. 더구나 집 울타리가 요즘 흔치 않은 대나무로 병풍처럼 둘러싸여 고즈넉한 풍경도 곁들었다. 바람결에 댓잎 흐르는 소리, 마당 한구석에 기울어진 오후의 볕살이 넉넉하고 느릿한 시공간을 연출하고 있었다.

장독대 옆에 수돗가가 있다. 예전에는 우물터였음 직한 정겨운 그림자들, 돌확과 돌 빨래판이 징검다리처럼 놓여 있다. 여름철이면 수박이나 참외도 동동 띄어놓기도 하고 아이들 줄 세워 어푸어푸 등

시간 밖의 시간으로

27

물도 켜던 곳이었으리라. 손때 묻은 공간마다 유년의 굴풋한 그리움이 숨어 있는 것 같다. 두리번거리는 눈길 따라 마당 쪽 수돗가 가장자리에 낯익은 물건이 눈에 들어온다. 숫돌이다.

거뭇하지만 미끈한 피부를 가진 쑥돌 종류이다. 한 치 폭의 날렵한 몸과 구부정하게 패인 등마루가 단단한 돌의 위용과는 거리가 멀다. 제 몸 갈아낸 나이테만큼 그동안 얼마나 많은 연장들의 날을 세워왔을까. 팔뚝 길이도 안 될 만큼 왜소한 모습이어서 왠지 연민마저 느껴지지만, 세상 무슨 일이든 선뜻 감당하려는 듯 당당하고 강단 있는 자세이다. 맞춤옷처럼 숫돌을 에워싼 나무틀에 연륜 때문인지 마른버짐 같은 이끼가 버석거린다. 오목가슴처럼 굽은 등허리가 자꾸만 서글프다. 굳이 물어보지 않아도 기호학 같은 슬픈 사연들이 겹겹이 웅크리고 있을 것 같다.

날 있는 것은 모두 여기 숫돌을 거쳤으리라. 시커먼 무쇠로 만든 조선낫이나 식칼, 도끼, 쇠스랑, 곡괭이, 호미, 대팻날 등등. 대장간 불내 풀풀 나는 날붙이지만 숫돌의 다스림을 거치지 않고는 제구실을 못 했으리라. 산안개 내려앉은 희뿌연 새벽녘, 오늘 사용할 농기구들 꺼내다 숫돌에다 벅벅 갈아 시퍼렇게 날을 세우면 하루 할 일이 벌써 절반이나 끝난 것 같은 뿌듯함이 밀려왔을 테다.

세안하듯 숫돌에 물을 뿌리고 무뎌진 무쇠 낫을 슬쩍 올린다. 팔뚝에 몸을 실어 천천히 밀고 당기면 저 아래로부터 전해오는 묵직한 중량감, 등짝 위에서 아무리 몸을 놀려도 흔들림 없는 든든한 무게

허석 수필집

28

중심이 느껴진다. 팥죽 같은 붉은 녹이 일어나고 쌀뜨물처럼 하얗게 번져가는 분비물을 보면 지금 정갈하게 벼리고 있는 것은 어쩌면 내 마음의 한 축이 아닐까 착각이 들기도 한다. 걸죽한 숫돌 물과 함께 시큼한 쇳내가 코끝을 간질여온다. 정성스럽게 간 날을 햇빛을 향해 비춰보고 있으면 멀리서 뻐꾸기 울음이 들려오곤 했으리라.

강한 것은 여문 것을 구슬리고 여문 것은 강한 것을 구슬리는 연마의 법칙. 낫이나 칼을 숫돌에 갈아보면 안다. 차돌같이 야물고 단단하면 밀착감이 없어 갈려는 연장이 미끄러지고 겉돌게 되어 있다. 한참을 씨름해도 날이 서지 않는다. 날이 선다는 것은 갈려는 연장과 숫돌이 서로를 받아들이고 아낌없이 허용함으로써 얻어진 결과인 모양이다.

밀고 당기면서 쓱싹거리는 소리. 돌과 쇠가 만나 부딪치는데도 결코 불쾌감이나 이질감이 들지 않는, 조금은 가슴을 명징하고 확장하게 만드는 소리다. 억지로 맞부딪쳐서 나오는 불협화음이 아니라 스스로 들이쉬고 토해내는 염화시중 같은 소리라고 할까. 겨울바람에 제 몸을 허공에 풀어내는 억새들이거나 넓은 백사장을 끊임없이 밀려왔다 빠져나가는 파도 소리 같기도 한 중저음이 저벅저벅 다가온다.

결코, 음정을 높여 외치는 법 없이 낮고 느린 그 소리에는 삶의 길을 묵묵히 걸어가는 숭고함이 깃들어 있지 않나 싶다. 아프고 슬픈 일에 혼자 속으로 삭여가며 우는 소리이거나 지치고 힘든 일에

뺏심을 다하느라 서느런 바람이 들락거리는 소리는 또 아니었을까. 짐 진 삶의 무게가 마냥 아래로 침하하는 것 같은 느낌 속에는 은결 든 삶에서 나오는 울음은 아닐지라도 가만한 한숨 같은 것들이 숫돌 가는 소리에 뒤섞인다.

때로는 그 숫돌에 자신의 모난 마음을 부드럽게 다듬어보기도 했으리라. 다잡지 못한 일상에서 내려놓지 못하는 분노와 원망의 상처 투성이도 그 숫돌에 아낌없이 맡겨보았으리라. 고운 소리 한마디 못해 토라진 아내에게 신산한 마음도, 더 하고 싶은 공부도 가난 때문에 말려야만 하는 자식에게 면목 없는 마음도 그 숫돌을 방편 삼아 헛기침으로 갈아보았으리라. 세상은 변해 가는데 자꾸만 게을러지고 무기력해지는 나 자신도 숫돌을 갈며 다시금 추스르고 다짐해보는 시간이 되었으리라.

녹슨 쇠를 갈아 빛나게 해주는 숫돌은 결코 마술을 부리는 게 아니었다. 제 몸이 닳아 없어지는 대신 무뎌진 날을 세우는 대척점에 있었다. 처음부터 옴폭 패여 굽은 것이 아니라 보이지 않게 제 몸이 깎여져 나가는 아픔을 견뎌낸 결과물이었다. 등골이 휜다거나, 누군가의 등받이가 된다는 것이 그런 의미가 아니었을까.

가족에 대한 사랑이 그 희생의 원천이었으리라. 뼈를 깎는 아픔과 고통을 견뎌내고 살얼음 같은 좌절과 비애를 참아내는 원동력이 그것이었다. 세상 앞에 마냥 움츠러든 어깨나, 땅만 보고 걷는 구부정한 허리나 모두 누군가를 위해 갖은 노고와 인고의 세월을 거쳤다는

증거이다. 한 포기 감자꽃을 피우거나 누군가의 열매를 위한 자양분이 되려면 내 몸이 썩어 문드러져야 가능한 일이었다.

사라져간다는 것은 새로운 탄생을 위한 눈부신 산화일지도 모른다. 비록 내 몸이 부서져 없어지지만, 날을 갈아 세상에 나가 제 용도와 쓸모를 다할 수 있다면 더 바랄 게 없다. 내일의 준비고 미래에 대한 기대이다. 입신양명이든 부귀영화든 세상을 살아갈 제 밥벌이를 하라는 뜻이다. 나보다 더 나은 사람, 못다 한 내 꿈, 가문의 영광을 빛내라는 주문이다.

칼날은 숫돌에서 다시 태어난다. 숫돌 없이는 누구도 반짝반짝 빛나는 날붙이가 될 수 없다. 그 세워진 날로 세상 겁 없이 내달리며 자기 길을 내고 자기 뜻을 세상에 꽃피웠다. 나를 위해 거친 세상에 몸으로 막아섰던 사람은 누구였는지, 그 결과로 성장하고 성공도 하였지만 닳고 닳아 초승달같이 변한 숫돌에 대해서는 외면하면서 살아온 것이 아닌지 부끄럽기만 하다.

돌에도 향기가 있다면 숫돌이야말로 석향石香이라고 불러야 하지 않을까. 제 몸을 허물고 비우느라 작고 볼품없게 변한 숫돌이지만 헌거한 삶의 무게감이 묵묵히 느껴진다. 이제는 제 역할도 끝난 듯 모두 떠난 자리에 홀로 남겨진 저 숫돌, 평생을 여백으로만 살아낸 아버지를 만난 듯 가슴이 먹먹해진다.

콩나물 촌감寸感

말아 쥔 악보 속에 높은 음표들이 유희한다. 슬픔을 날것 그대로 토해내는 비탈리 '샤콘느'의 음계며 선율일까. 의뭉스러운 삶의 비정을 맛본 느낌표와 의문형의 기호들이 세상 앞에 단독자처럼 버티고 있다. 아니다. 잎도 없이 연둣빛 꽃망울을 머리에 이고 올라온 석산 꽃대공들이다. 미끈하고 탄력적이며 날렵한 몸태. 실오라기 하나 걸치지 않은 알몸 그대로이다.

건강에 좋다며 지인이 재배한 까만 쥐눈이콩을 선물 받았다. 크기는 좁쌀만 하지만 오동통하고 앙증맞은 모습이다. 콩나물 기르는 일은 남자도 할 수 있는 일이라고 자꾸만 부추겼다. 혼자만의 살림에 항아리 들여놓기도 부담스러워서 생수 용기 투명한 페트병을 이용해 조그만 시루 두 개를 만들었다. 성장기는 일여드레, 일차를 두고

허석 수필집
•
32

기르면 사나흘에 한 번꼴로 콩나물을 맛보는 셈이다. 까만 비닐봉지를 우장처럼 발끝까지 씌우고 기도 시간 지키듯 하루 서너 차례 물을 주는 것이 수행자의 의례처럼 되었다.

산다는 것은 눈뜨기부터일까. 꿈쩍도 하지 않을 것 같더니 어느새 흑진주 같은 껍질을 젖히고 세상과 호흡한다. 보드라운 잇몸에 젖니 돋아나듯 여린 싹눈이 빼꼼 고개를 내민다. 탈피각을 뚫고 나오는 영락없는 애벌레의 모습이다. 눈 깜짝할 사이에 올챙이 꼬리 자라듯 고물고물 우윳빛 속살을 드러낸다. 한 점으로 발아한 몸뚱이가 싱그러운 물밥을 먹고 되새김질하면서 옆구리에 숨어 있던 생장점을 간질였나 보다.

어찌 된 일일까. 실지렁이처럼 뒤엉켜 넘어지고, 고꾸라지고, 물구나무서고, 처음에는 직립이 아니었다. 저게 어떻게 고개를 들고 일어설지 의구심이 앞선다. 과중한 물의 부력에 무게중심을 잃었을까. 깜깜한 밤길에 방향과 위치를 상실한 것은 아닐까. 어쩌다 물을 제때 주지 못하면 뿌리가 억세어지고 굽어져 사방팔방 촘촘히 뻗어나가는 것을 본다. 살아내기 위한 저마다의 몸부림이리라.

허공이었을 테다. 무언가를 붙잡으려 손을 뻗었지만 해바라기할 빛도, 딛고 설 땅도 없는 콩나물 같은 생이다. 안개 속에서 헤매는 것처럼 길도 불빛도 없는 전도顚倒, 그 두려움과 절망에서 살아남는 일이란 서로가 서로를 붙잡는 일이었을 것이다. 잔뿌리끼리 버팀목 역할을 하여 서로 보듬고, 부둥켜안고, 등받이 하며 저들 힘으로 일

시간 밖의 시간으로

33

어서 결국 울울창창한 숲 하나가 만들어진다.

잎도, 가지도, 꽃도 없이 순과 뿌리뿐이다. 햇빛의 엽록체보다 달빛의 백색체에 익숙한 결과이다. 색도 향도 없지만 청처짐한 낙숫물 소리, 청각 하나로 세상을 읽는다. 자양분은 광합성의 유기물이 아니라 오직 침묵 한 모습과 물 한 모금이다. 군더더기 말이나 글이 필요 없는 불립문자처럼 세상을 향해 오로지 막대기처럼 곧은 몸 하나로 자신을 표현한다. 굴속 같은 어둠 속에서 어쩌면 세상을 버리지 못하는 은자隱者이고, 숨어서 내다보는 견자見者의 흉내라도 내는 것일까.

씨앗은 열매를 맺고 열매는 다시 씨앗으로 돌아가는 것이 만물의 이치일 테다. 신의 지문처럼 그만의 생애와 우주가 담겨 있는 씨앗, 흘러내리는 물의 입김으로 싹을 틔우려 했을 때 그는 무슨 꿈을 꾸었을까. 모든 생명이 그러하듯 초록의 싱싱한 대지에 오렌지빛 태양을 쬐며 푸른 잎과 향기로운 꽃을 피우는 꿈을 간직하였을 것이다. 막상 세상은 온통 어둠의 장막으로 드리워져 보이지도, 벗어날 수도 없다는 것을 알았을 때 당혹해하지나 않았을까. 같은 콩깍지에서 자랐는데도 하나는 땅에서 자라 파란 하늘 아래 열매를 맺고 하나는 물에서 자라 어둠 속에 나물이 된 운명을 어떻게 받아들였을까.

운수소관이라고 하기에는 너무 무책임하고, 신의 뜻이라면 너무 불공평한 일이다. 꿈꾸는 석회동굴의 석순처럼 빛 하나 없이 젖은 몸으로만 살아야 하는 구조적인 숙명. 가난의 수용소에 내몰린 여린

군상들처럼 맨몸으로 일어서야 하는 사시랑이 육신. 어찌할 것인가. 장벽을 넘고 수렁에서 탈출하듯 오직 수직상승의 의지밖에는 달리 도리가 없었을 것이다.

웃자란 콩나물을 뽑고 나면 뒤늦게 자라는 것. 그제야 싹을 틔우는 것도 보인다. 마음 깊은 곳에 울혈 때문인지 어느 씨앗은 결국 싹을 틔우지 못하는 것도 있다. 우리네 사는 모습도 그러하리라. 작지만 단단한 존재로 어둠 속에서 의연하고 담대하게 깨어나기도 하지만 조건과 환경을 이겨내지 못하고 상실과 무기력에 빠져 허우적거릴 때도 있다. 청국장을 띄울 때 발효와 부패는 종이 한 장의 차이인 것처럼.

마음먹은 대로 되지 않는 것이 세상살이다. 삶은 늘 통제할 수 없는 것들, 불확실성을 내포한 풀기 어려운 방정식 같다. 때로는 신세타령도, 한 번쯤 인생 역전을 꿈꾸기도 한다. 하지만 주어진 자기 길에 순순히 응하는 자들, 있는 그대로의 삶을 받아들이고 하루하루 최선을 다하는 그들 가슴으로 삶의 의미와 이유가 분명하게 발현하고 있음을 느낀다. 재주가 뛰어난 사람보다 현실을 잘 견뎌내는 사람, 행복을 찾아 내일을 좇아가는 사람보다 오늘에 만족하고 잘 살아내는 사람들이 어쩌면 삶의 정답인지도 모른다.

얼큰한 콩나물국이 먹고 싶다. 덮어둔 까만 봉지를 조심스레 벗긴다. 밤새 올라온 콩나물들이 싱싱하면서도 비릿한 냄새를 풍긴다. 이제 막 세상 옷을 갈아입은 새물내인지, 긴장하며 치열하게 살아온

식은 땀내인지도 모르겠다. 애써 힘들게 자란 생명인데 국거리를 위해 뿌리를 뚝뚝 자르다 보니 마음 한편에 가느다란 통증이 인다. '어린 왕자'의 장미처럼 탁정託情이고 관계 맺음인가 보다. 관심과 배려를 가지면 세상을 사랑하는 일이란 결코 어려운 문제만은 아닌 것 같다. 살아있는 정물화가 따로 없다.

안개에 대한 기억

멀리서 본 안개는 아름답다.

허공에 또 하나의 허공이 부유한다. 무명 치마폭처럼 대지를 감싸 안고 꿈속의 꿈을 꾸는 듯 너울너울 춤춘다. 어쩌면, 하얀 드레스의 여인이 무도회에서 벌이는 한바탕 관능적인 유혹일지도 모른다. 오묘하고 몽환적인 스푸마토 기법의 그림 한 폭이다.

묵음 처리된 풍경처럼 아무 소리가 없다. 형태도 무게도 없는 공허의 빛이다. 아직 가보지 못한 시공간에 대한 의미심장한 은유일까. 맑고 고아한 영혼들이 존재하는 천계의 모습이 저러할까. 숨겨진 비밀정원을 엿보듯 의아하고 의뭉스러운 물음표가 일어선다.

구별과 차별이 없다. 높고 낮은 것, 잘나고 못난 것도 아랑곳없이 품 안에 모든 것을 수용한다. 햇빛과 그늘의 경계도 없고, 있고 없음

의 존재도 없다. 신성불가침 영역처럼, 쫓고 쫓기는 자도 이곳에서는 잠시 가쁜 숨을 고를 수 있을 것 같다.

원근도 없는, 정답 없는 삶의 길이 이곳인지도 모른다. 하심인 듯 방하인 듯 내 안의 망집과 악착들을 내려놓고 떠나는 허허로운 나그네의 뒷모습 같다. 어디서 생겨나고 어디로 가는지도 알 길 없다. 용오름 하듯 안개가 걷히고 나면 지나온 발자국이 길이었음을 그제야 깨달을 뿐이다.

앞이 보이지 않는다.

출근길이다. 지하 차고를 나오자 자욱한 안개가 앞을 가로막는다. 가시거리가 없어 황망함과 당혹감이 교차한다. 세포 분열하듯 꾸역꾸역 몰려오는 잿빛 안개가 금방이라도 천 길 낭떠러지로 끌고 들어갈 것만 같다. 비상 점멸등과 전조등을 켜고 바짝 긴장한 채 조심스럽게 차를 몰고 나선다. 어디에 장애물이 있을지, 혹시나 다른 차가 내 앞에 불쑥 나타나지 않을지 걱정부터 앞선다.

눈뜬장님이 따로 없다. 일상에 익숙했던 거리가 한 번도 가본 적이 없는 낯선 장소가 되어버렸다. 눈을 감고서는 발 한 걸음 내딛기도 어려운 것처럼 안개는 평소 습관적인 모든 기능과 행위를 일순간에 무력화시켜버리고 말았다. 나침반이나 지도도 무용지물이다. 방향을 알아도 길이 없고, 빛은 있어도 앞이 보이지 않는다. 길 잃은 자에게는 한낮도 어둠이다.

보이지 않는 장막이고 빠져나갈 수 없는 수렁이다. 눈앞의 낯익은

풍경과 소리가 사라져버린 그곳은 암전과 침묵만이 지배하고 있다. 남들은 제자리를 찾아 제 길로 가고 있는데 나만 혼자서 미궁 속에서 헤매고 있는 것 같은 소외감이고 고립감이다.

그것은 안개였다.

오래전에 미국에 이민을 하였을 때였다. 그때는 이미 장년의 나이였다. 젊은 패기도 아니면서 언어도, 환경도 낯선 곳에 새롭게 정착하기는 쉽지 않은 일이었다. 이민을 미리 준비하지도 못했지만, 외국 생활은 여행할 때의 느낌과 실제 주소지를 정하고 살아가는 것과는 판이한 일이었다.

다급한 것은 어떻게든 지금 이 순간을 견뎌내야 하는 일이었다. 해바라기할 빛도, 딛고 설 땅도 없었다. 한 개의 콩 줄기에 묶인 깍지 콩 같은 식구들을 바라보며 당장 눈앞에 보이는 일들은 힘들고, 더럽고, 위험한 노동자의 일뿐이었다. 돈도, 인맥도, 사회적 기반도 없는 곳에서 당연한 결과였다. 지금까지 걸어왔던 길은 사라져버렸지만 그렇다고 새로운 길이 보이는 것도 아니었다. 새우잠 자는 식구들 몰래 꼭두새벽에 일어나 마른 도시락을 챙겨 집을 나서면 세상은 온통 희뿌연 안개로 뒤덮여 있었다.

몸이 힘들고 고달픈 것은 아무 문제가 아니었다. 동토의 순록도, 사막의 낙타도 자기 길이 있는데 도대체 어디로 가야 할지 알 수 없는 무력감이 스스로를 슬프게 만들었다. 잘못 들어선 것은 아닐까, 이 고개 너머에는 무엇이 도사리고 있을까, 안개 낀 날 징검다리 건

시간 밖의 시간으로

39

너듯 불확실한 삶의 행보가 초조하고 불안하기만 했다. 앞날에 대한 두려움, 지금 이 순간의 막막함에서 무언가 탈출구가 목말랐던 시간이었다.

안개는 언젠가 걷히게 마련이다.

어느 날부터였다. 깜깜한 어둠도 시간이 지나면 암순응되듯, 한 치 앞도 보이지 않던 안개도 막상 발을 들여놓으면 나름대로 적응하는 방법은 있었다. 주어진 자기 길에 순순히 응하는 것, 있는 그대로의 삶을 받아들이고 현재 이 순간 최선을 다하는 일이었다. 재주나 요행을 바라기보다 맨바닥처럼 완강한 현실마저 감사하며 견뎌내는 것, 인생을 잘 살아가는 욕심보다 잘 살아내겠다는 고래 심줄 같은 마음가짐이었다.

돈짝만 하던 하늘이 점점 넓어지고 파란 속살을 보이기 시작했다. 숨소리조차 사라져 허방으로 빠질 것만 같던 발은 어딘가를 힘차게 딛고 서 있었다. 어느 정도 이민 생활의 경험과 내력이 쌓이고 가야 할 길이 조금씩 보이기 시작할 때쯤은 어느새 안개가 걷혀 있었다. 삶은 여과지와 같아서 그곳을 통과하고 나면 어떤 고통과 시련도 아무렇지 않은 것이었다.

살아보지 않은 생生을 산다는 것은 안개 속을 걷는 것처럼 불투명한 일이었다. 더듬어도 보이지 않는 삶은 상형문자처럼 해독하기 난제가 분명했다. 하지만 정말 슬픈 것은 아무것도 보이지 않는다고 희망을 잃고 포기하는 것이었다. 힘든 순간도 많았지만, 알고 보면

앞을 가로막은 것은 안개가 아니라 미래에 대한 의심과 불안의 그림자였는지도 모른다.

어쩌면 안개는 '일시 멈춤'이 아니었을까. 당연하다고 여기며 습관처럼 사는 일상생활을 잠시 흩뜨려놓고 잘살고 있는지, 제대로 살고 있는지 다시금 돌아볼 수 있는 계기가 되었던 것 같다. 평소 소홀했던 일상의 감사함과 고마움을 깨달은 것도 그때였다. 찬란했던 과거도 지우개 달린 연필처럼 때로는 잊거나 지워야 할 때가 있다는 것을 이해하는 여유 같은 것도 그때 배웠다. 하루하루 작은 드라마 같은 삶 속에서 그 아픔과 슬픔마저도 이 세상에 존재하는 소중한 의미였음을 그 시간의 행간에서 읽을 수 있었다.

살다 보면 안개를 자주 만난다. 당황하거나 두려워하기는 지금도 마찬가지이다. 다만 안개는 곧 걷힐 것이고 삶이라는 수레바퀴는 묵묵히 굴러갈 것임을 알기에, 이제는 그 고통과 절망에 아프거나 흔들리지 않을 뿐이다.

시간 밖의 시간으로

냇내, 그리움을 품다

냄새는 그리움이다.

문득 아니면 울컥, 그때 그 어느 날의 흔적과 시간을 찾아 영혼의 빗장을 푸는 알레고리이다. 갓 볶아낸 커피 향기, 담장 너머 청국장 냄새, 새로 갈아입은 옷에서 나는 새물내, 즐겨 하는 목도리에서 그 사람의 언어와 체온과 숨결이 느껴지는 체취, 꽃그늘을 지나다 흠칫 돌아보는 향수 내음. 가슴이 먹먹한 날, 무심코 잊고 살아왔던 먼 기억들이 일상을 툭 치고 갑자기 밀려오는 그리운 냄새들이 있다.

인간은 아주 다양한 냄새를 구별할 수 있다. 커피나 꽃들이 가진 특유의 향기를 맡을 수 있고, 눈을 감고도 그 사람의 땀과 체취만으로 누구인지 알아낼 수 있다. 후각수용체 신경은 특정 냄새에 대해 한 가지 세포만 존재하기 때문에 수많은 냄새에 대한 정밀한 뇌 지

허석 수필집
•
42

도를 만들 수 있기 때문이다. 식욕을 느끼거나, 좋다거나 불쾌하다거나, 위험이나 안정감을 감지하거나, 모든 생물체에 있어 후각은 먹이를 찾을 때 혹은 포식자를 피할 때 그리고 짝을 정할 때 등 중요한 역할을 한다.

한적한 시골 마을로 이사를 했다.

아직도 드문드문 고즈넉한 옛 풍경의 모서리들이 마치 한 폭의 수묵화처럼 선명하게 남아 있는 곳이다. 무채색 계절에 홀로 반짝이는 샛노란 모과가 바람에 흔들릴 때마다 숨구멍이 열리고 새콤한 향기를 토해낸다. 겨울로 들어서면서 해가 노루 꼬리만큼이나 짧아져 퇴근 무렵이면 벌써 주위가 어둑신하다. 어둠이 깔려 사방에 적막이 깃들면 산동네 공기는 금방 싸늘해진다.

동네 어귀에 차를 주차하고 고샅길로 들어서면 어디서 따라오는지 매캐한 연기 냄새가 코를 알싸하게 만든다. 고문서를 거풍하듯 잘 마른 장작 타는 냇내다. 보일러 시설뿐인 내 집에서 나는 냄새일 리는 없고 아마도 옆집 누군가 군불을 지피는 모양이다. 모닥불처럼 냄새가 따뜻하다. 도시에서는 느껴보지 못한 낯선 상황에 내 볼일이 아니라는 듯 애써 외면하지만, 그것쯤 아랑곳없이 발걸음마다 곰삭은 기억들이 밟혀온다.

대문을 열고 마당에 들어선다. 혼자 사는 집에 반기는 불빛 하나 없는 대신 옆집의 연기 냄새가 무단 침입해 자기 영역 표시하는 짐승들처럼 만연체로 차지하고 있다. 별빛 총총한 밤의 청취가 눈에

보이지도 않는 장작 냇내와 어우러져 달밤의 정감을 한껏 부추긴다. 귀 기울이면 어느 LP판 턴테이블에서 야상곡 멜로디가 댓잎 사이로 은은하게 흘러나올 것 같다. 지그프리트 바르헤트의 감미롭고 부드러운 첼로와 섬세하고 잔잔한 피아노 반주는 어떨까. 아궁이 앞에 군불을 지피고 있는 누군가의 모습이 연주자의 그림자처럼 불현듯 눈앞에 그려진다.

장작불이 활활 타오른다. 시커먼 동굴 속으로 빨려 들어가는 세찬 불길이 성난 황소 뿔처럼 울끈불끈하다. 탁, 탁, 탁, 장작 타는 소리. 불땀 좋은 마른 장작들이 죽비 터는 소리를 내며 나이테마다 옹이진 경전을 읽어내고 있다. 몸에 흰 연기를 칭칭 감고 방고래를 향해 기세 좋게 타들어 가는 불길이 마치 젊은 시절 열정과 욕망으로 물불 가리지 않고 달려가던 날들을 보는 것 같다.

기운차게 타오르던 장작불이 어느 정도 사위어 들면 부지깽이를 뒤적거리며 멍하니 불꽃을 바라본다. 삶의 아픔과 시름도 순간 잊어버리고 무념무상에 빠져들 것 같은 궁극의 순간이다. 이글거리는 황금빛 불꽃이 고흐의 인상주의 그림처럼 사뭇 몽환적이다. 빨갛게 불덩어리를 안은 장작개비 사이로 자기도 모르게 삶의 미련과 후회의 탄식을 내뱉기도 하고 까닭을 알 수 없는 연민과 그리움이 몰려오기도 한다. 등짝은 바깥 찬바람에 서늘한데 불꽃을 맞댄 얼굴은 매운 고추라도 삼킨 듯 화끈거린다.

군불 때는 일이 쉽지는 않다. 요령을 제대로 터득하려면 눈물깨나

흘려야 한다. 나무마다 특성을 잘 알아야 하고 바짝 마른 가지를 사용하지 않으면 매운 연기가 꾸역꾸역 밀려 나오기도 한다. 불을 빨리 키워볼 욕심에 한꺼번에 장작을 많이 밀어 넣는다고 되는 것도 아니었다. 바람과 불길이 잘 들도록 숨구멍을 틔어 놓는 공간이 없었기에 오히려 따뜻한 불씨가 죽고 만 것이 아니었는지 모르겠다. 세상에 공들이지 않고 되는 일은 없다. 지나고 보면 이해와 관용, 배려와 여유가 늘 아쉬웠다.

저 불길이 온 방 안의 구들장을 뜨끈하게 데울 것이다. 바깥은 세찬 눈보라가 몰아쳐도 뜨거운 제 몸의 온기를 지닌 구들방은 밤새 식구들을 따뜻하게 감싸 안았던 어린 시절이 있었다. 그날은 저녁 무렵부터 내리던 함박눈이 밤늦도록 소복이 쌓여 가는 밤이었다. 긴 겨울밤을 톡톡 분지르며 바느질을 하고 있던 어머니는 이불을 걷어차며 단잠에 빠진 어린 자식들을 다독거리기도 하고 문풍지가 떨릴 때마다 아랫목에 앙구어놓은 밥주발에 걱정스레 눈길을 주곤 하였다. 엄동설한도 꾸벅대는 길고 긴 겨울밤, 아마도 달팽이 같은 시간을 아껴먹던 평온 같은 것이 아니었나 싶다.

초인종이 울리자 시키지도 않았는데 대문을 향해 막 달려갔다. 일터에서 밤늦게 귀가한 아버지는 고흐의 자화상처럼 동여맨 목도리에 새파랗게 얼어붙은 노동이 뒤따라오고 있었다. 그런 날은 어린 눈에도 아버지란 존재를, 누군가의 어깨가 된다는 것에 대해 어렴풋이 생각해본 것 같다. 굳은 손을 비비며 아랫목 구들장에 추위를 녹

이는 아버지의 등 그림자를 보면서 비로소 오늘 밤에도 가계도 하나가 완성된 안도감이 찾아왔다. 그런 날은 왠지 늦잠을 자고 싶었다. 뒹굴뒹굴, 혼자 뒤늦게 눈을 뜨면 창호지에 비치는 아침 햇살은 한없이 따사로웠고 군불 땐 방 안은 마치 누군가의 품에 꼭 안기어 숨이 막히도록 사랑받고 있다는 느낌이었다.

자폐증에 빠진 겨울이다.

올해는 유달리 춥기도 하지만 이런저런 이유로 혼자 사는 외로움이 가중된 모양이다. 저 옆집의 연기 냄새는 누구를 위해 군불을 지피고 있는 것일까. 가족이거나, 모처럼 찾아온 손님을 위해서거나, 아니면 풍찬노숙 같은 하루의 일과를 마무리하는 자신을 위해인지도 모른다. 누군가를 위해 아궁이로 달려가 불을 지피는 그 모습은 아버지일 수도, 오래된 친구일 수도, 아니면 효심 많은 자식일 수도 있다. 저녁 안개처럼 온 동네에 내려앉은 냇내가 '관계'에 대한 목마름처럼 아득한 그리움을 불러일으킨다.

나는 누군가를 위해 군불을 지핀 적이 있을까. 한 사람의 가슴이라도 제대로 따뜻하게 데워본 적이 있었을까. 따뜻한 온돌도, 화로도, 연탄불도 되지 못해 아직도 내 구들장은 냉돌과 마찬가지가 아닐까. 덜 마른 나무로 방을 데우겠다고 불쏘시개만 아궁이에 쉴 새 없이 넣고 있는 내 마음의 군불은 꾸역꾸역 역류하는 매캐한 검은 연기처럼 늘 제자리걸음인 것 같다.

고맙다며, 미안하다며, 감사하다며 왜 진작 말하지 못했을까. 이

해관계 없이, 희생하고 있다는 군소리 없이 열의와 정성을 다해본 적이 있었던가. 내게 좋은 것, 편한 것, 필요한 것에만 관심을 보이고 그들의 숨겨진 삶의 이유와 배경에 대해서는 외면했던 것은 아닌가. 나의 안녕과 평안만을 바라며 불목을 찾아 등짝을 지지기만 했을 뿐 찬 바람 부는 바깥에서 들뜬 마음으로 방구들을 데우는 역할은 하지 못했던 지난날이었다.

누군가에게 사랑받고 누군가를 그리워하는 감정은 소중한 일이다. 가족이거나 친구나 연인일 수도 있겠다. 세월이 흐르고 세상이 바뀌었어도 기억 속에 남아 있는 사람이 있다면 그것은 사랑이거나 아니면 상처받은 기억의 흔적들일 것이다. 그 그리움은 뒤늦은 깨달음일 수도, 속죄의 순간이 될 수도 있다. 그 힘으로 오늘을 반성하며 사는 것도 다행스러운 일이다. 세상살이가 자신만만해서, 내 잘못은 없다며 스스로 당당해서, 그래서 되돌아볼 그리움도 없이 사는 삶은 빈 수수깡처럼 얼마나 쓸쓸한 일일까. 그때 그 일은 순전히 내 잘못이었던 것처럼, 후회와 원망은 처음부터 없었던 것처럼 따스한 아랫목의 온기를 가슴에 품고 살아볼 일이다.

온기를 느끼고 온기를 주는 것. "사랑해!"라는 말 한마디로 경계를 넘어 온정이 생겨나고, "고생했어!" 한마디로 힘들었던 고통마저 눈 녹듯 사라질 수 있는 게 아닐까. 잘 데워진 구들장처럼 삶이란 그 뜨끈한 온기로 추운 겨울을 함께 헤쳐나가는 일이다.

시간 밖의 시간으로

물독, 그 어느 날의 기억

　물 항아리에는 오래된 풍경이 세 들어 산다.

　고향 옛집 낡은 공간마다 침묵 속에는 유년의 굴풋한 그리움이 흑백의 시간으로 숨어 있다. 식구들 모여앉아 두리반을 펼치던 대청마루, 댓돌 아래 내려서면 아침 빗질 자국 선명한 마당이 있고 아래채에는 뒷간이 딸린 돼지우리가 있었다. 나지막한 돌담에는 호박넝쿨이 여름 햇볕 아래 바지런히 기어오르고, 밤이면 빗살무늬로 쌓이는 달빛에 식구들 웃음이 휘영청 계절마다 익어갔다. 부엌은 안방과 대청마루를 끼고 집안 깊숙이 들어앉아 있었다.

　커다란 정지문을 삐거덕 열고 들어서면 부엌은 동면에 든 굴속처럼 어두컴컴했다. 문틈 사이로 새어드는 햇살이 없었다면 비밀요새에 숨어 있는 것 같았다. 반질반질한 가마솥과 부뚜막 아래에는 시

커먼 아궁이가 크게 입 벌리고 부지깽이가 굴러다녔다. 날단거리나 물거리, 시초나 낙엽 구하기도 힘들어 삭정이나 싸리나무, 청솔가지 같은 하루치 땔거리들이 옹색하게 뒤편에 자리 잡았다. 위아래 널을 둔 죽편 살강 위에는 식구들 숫자 남짓한 사발이나 뚝배기 같은 식기들이 엎드려 숨을 죽였다.

그 부엌문 쪽에 물 항아리가 수도승처럼 오도카니 자리 잡고 있었다. 어른 허리춤 높이의 둥글게 살진 옹기 물독이었다. 안을 들여다보면 목까지 찬 물이 찰랑거리고 자그만 종굴박 하나가 항로 없는 나룻배처럼 떠다녔다. 일렁이는 잔물결에 새털구름이 들랑거리고 까치 울어대는 아침이면 물안개가 피어올랐다. 야음을 틈타 가끔은 길 잃은 새끼거미가 깨금발로 허공을 지나다닌다는 소문도 들렸다.

순정 녹아든 물빛 수채화처럼 맑고 고운 샘물이었다. 상쾌하고 달달하여 이보다 명징한 물맛은 또 없었다. 밥물이 되고 된장찌개가 되었을 뿐만 아니라 허기진 식구들의 음료수이고 주전부리였다. 긴 밤을 지새우는 식구들 머리맡에 자리끼였다가 어둑새벽 장독대 정화수도 되고, 배꼽마당 신나게 뛰어놀다 한 바가지 들이켜면 정말 꿀맛이었다.

집안에 불씨가 꺼뜨려 지는 일이 없듯 항아리 물 또한 마찬가지였다. 물독에 물을 길어 나르는 일은 아녀자 몫이었다. 호락질로 짓는 몇 떼기 농사에 부잣집처럼 물아범을 둘 수도 없는 일이고, 아낙네들 사랑방 같은 동네 우물가에 볼썽사납게 남정네들이 들락거릴 형

편도 못 되었다. 손대기 할 만한 딸이라도 있어 몇 바가지라도 도와주면 그나마 다행이었다.

그 무거운 삶의 동이를 뼛심으로 홀로 채워낸 사람은 어머니였다. 새벽빛 푸른 얼굴로 샘물을 길어 올려 머리 위 똬리에 천형 같은 무게를 평생 이고 날랐다. 이마와 목덜미는 흘러내린 물과 땀으로 축축했다. 밤낮이 따로 없고 더운 여름과 추운 겨울이 따로 없었다. 산천초목이 가물어도, 천하 강토가 얼어붙어도 어머니의 물독은 한 번도 마르지 않아 바닥을 드러낸 적이 없었다. 본때 없는 가난은 질기고도 지루했지만, 산통 치르듯 지난한 세월에도 흔들림 없는 수행자 같았다. 물독은 생때같은 목숨 끌어안은 어머니의 작은 호수였다.

태초의 근원처럼 신비롭고 위대한 그 호수는 살아 출렁이는 신화들로 가득 찼다. 귀를 기울이면 밤새 옹달샘들이 보글보글 내일의 꿈을 잉태하는 소리가 들렸다. 맑고 고운 꿈들은 밤마다 항아리 벽 숨구멍을 찾아 쉼 없이 허물을 벗었다. 한여름 물줄기의 해갈이 있어 꽃도 피우고 열매를 맺는 것처럼 물독은 집안에 없어서는 안 될 생명수와 마찬가지였다. 결과 겹으로 층층한 푸른 세포 키워내는 물관처럼 어머니의 물독은 생生의 자궁이며, 둥지이며, 세상으로 향한 출구였다.

그 물독에 '채움'의 과정이 어머니에게는 고통이 아니라 기쁨이었을 것이다. 비워지면 채워야 한다는 두려움이 아니라 넙죽넙죽 밥숟갈을 받아먹는 어린 자식을 보듯 모자라면 또 채워 넣는 화수분

같은 사랑이었으리라. 가족에 대한 사랑에 '비움'이란 애초부터 없었다.

세상은 목마름과 메마름의 연속이었다. 하고 싶어도 하지 못하는 일도 많았고 하고 있는 일도 뜻대로 되지 않는 날도 많았다. 전전반측하며 뜬눈으로 밤을 새운 날들, 전전긍긍하며 속을 태우는 날들이면 어머니의 청정한 물 항아리처럼 시원하게 갈증을 해소하고 싶은 마음이 굴뚝같았다. 세상살이가 힘에 부딪힐 때마다 먼 산을 보며 물 한 바가지 벌컥벌컥 들이켜던 아버지의 시름과 고난을 새삼 이해할 수 있었다.

여자는 연약하지만 사랑에는 강한 법이다. 어깨까지 젖는 고된 날들이었지만 분신 같은 가족이 있어 삶의 무게를 내려놓을 수 없었다. 어머니의 희생과 헌신이 절체절명처럼 요구되던 시절, 그런 어머니 품에서 나고 자란 우리는 어쩌면 가난 속에서도 축복받은 세대가 아닌지 모르겠다. 비록 부족하고 불편했지만, 결코 불행하거나 결핍하지도 않았던 그 시절을 돌아보면 과연 행복이란 것을 질과 양으로만 따질 수 있는 것인지 의문스럽기만 하다.

큰 가슴을 가진 그 호수는 헐거운 어미의 눈으로 세상을 다 품어 안았다. 어머니의 물 항아리가 목숨 줄이 되어 자식들은 세상에 당당히 입성하여 성공하고 출세도 하였다. 자식들이 모두 떠난 자리, 홀로 남은 어머니는 이제 더 이상 물독에 물을 채우지 않는다. 다만 그 항아리에는 자식들에 대한 그리움만 가득 차 있다.

시간 밖의 시간으로

물 항아리는 이제는 존재하지 않지만 마음속에 정물화로 남아 있다. 텅 빈 항아리 등뼈 사이를 빠져나온 바람이 행여 자식들 목마르지 않을까, 오늘도 생의 행간을 다독이며 지나간다. 암호처럼 손때 묻은 그리움을 필사하는 시간마다 제 살 내준 조각달 물낯으로 내려앉는다. 멀리서 노잣돈 같은 뻐꾸기 울음 들려오고 오래된 어머니가 복사꽃마냥 환하게 피어난다.

업경業鏡

상두꾼 선소리가 처연하게 들려온다. 요령을 칠 때마다 장강채 위
의 종이꽃들이 몌별을 몸짓하듯 하얗게 나부낀다. 젊은이가 없어 또
래 노인들이 대신한 상여꾼들의 만가는 삶과 죽음의 마지막 인사를
대신하듯 더없이 구슬프다. 몇 개의 만장들이 흐느적거리고 식구들
의 허물어진 곡소리가 후렴처럼 뒤따른다. 하늘 가는 길에 아버지는
꽃상여를 원했다. 이승에 외로움이 많았던 인연 탓에 작고 소박한
상여라도 답청하듯 위로받고 싶다고 했다.

아버지의 임종 시, 붙잡고 있는 손의 온기가 썰물처럼 빠져나가면
서 '이것이 죽음이구나.' 하고 직감할 수 있었다. 추상도, 사변도 아
니었다. 죽음이라는 누군가의 존재가 이 공간에 버티고 있어서 대항
할 수 없는 무력감과 불가항력의 위압감이 엄습해왔다. 하지만 그것

시간 밖의 시간으로

은 살아있는 자의 두려움일 뿐이지 정작 죽음을 맞이하는 망자는 편안히 잠든 모습이었다. 다만 깨어나지 않는 잠이고 되돌아올 수 없는 길이었다.

갑자기 찾아온 죽음의 통고에 아버지의 마지막 눈길은 무척 허망한 표정이었다. 죽음의 순간까지 삶에의 미련을 버릴 수 없는 것이 인간이다. 슬프고 괴롭더라도 살아있다는 사실이 좋고, 돈이며 지위며 명예며 다 버리고도 조금 더 살고 싶은 욕심이 인간의 본능이다. 유현幽顯의 경계선에서 두려워하지 않을 자 없을 것 같다. 어쩌면 삶에 대한 애착보다 죽음 뒤의 허무가 싫었던 것은 아닐까.

네 살배기 손자는 아픔과 슬픔은 알아도 죽음에 대해서는 아직 모른다. 삶의 무상을 눈치채면 그것도 알게 되지 않을까 싶다. 존재한다는 것은 한시적인 현상이다. 탄생은 필연이지만 죽음은 선택인 것처럼 흔히들 간과한다. 오늘이 아니라 먼 훗날의 일이라고, 나와는 상관없는 일이라고 태연히 믿는다. 하지만 연기緣起처럼, 삶이 당연한 것이라면 죽음도 자연스러운 일임을 받아들여야 할 일이다.

어느 절이었다. 박물관에 업경대業鏡臺가 전시되어 있었다. 꼬리를 치켜든 사자상 위에 황색의 둥근 거울이 있고 그 가장자리에 붉은 화염이 불타오르는 문양을 투각 장식으로 표현한 조각품이었다. 업경대에 따라 새, 개구리, 만명, 연꽃, 소 등을 묘사하기도 하는데 죽은 사람의 업을 보여주는 의미라고 한다. 죽은 후 삼십오 일째 염라대왕의 심판, 명부冥府의 죄업을 비춰본다는 이 거울은 망자의 선악

을 심판하는 불교의 법구이다.

신자도 납자도 아니면서 가끔 사찰을 찾는다. 인간의 마음은 자신이 만들어내는 데 따라 괴로움도 되고 슬픔도 된다지만 하심이니 방하니 해도 원망과 집착하는 마음을 내려놓기가 쉽지가 않다. 신처럼 완벽하지도 않지만, 자연처럼 무심하지도 못해서 그저 유리처럼 깨지기 쉬운 것이 인간의 나약함이고 약점이다. 시시때때로 출렁이고 쏟아지고, 뜨겁게 끓어올랐다 차갑게 얼어버리기도 하는 마음이 곧잘 육번뇌六煩惱의 구렁텅이에 빠져들게 한다. 법당을 들랑거리는 승려나 불자들은 무엇을 기도하고 간구하는지, 생사의 이치라도 깨달은 듯 눈빛이 순하고 간이簡易하다. 그들을 바라보는 것만으로도 무언가 위로를 받고 있다는 느낌이다.

죽음의 순간이 오면 그때서야 삶이 명징하게 다가온다고 한다. 얼마나 각다분하고 바장이는 날들이었는지, 무엇 때문에 거미 치밀어 응어리진 마음으로 살아왔는지 후회가 앞선다. 왜 지나온 날들에 더 많이 행복하고 기뻐하며 살지 못했던가. 왜 마땅히 해야 할 일은 뒤로 미루면서 하고 싶은 일에만 목매달았던가. 왜 주어진 것에 대한 감사보다는 갖지 못한 것에 대한 결핍감으로 괴로워했던가. 왜 내 곁에 있는 소중한 것을 발견하지 못하고 손에 잡히지도 않는 먼 곳의 무지개에 현혹되어 살았던가.

아버지의 기제사 때였다. 제를 지내고 음복을 하려는데 제상 아래 어머니가 몰래 넣어둔 쟁반 하나가 놓여 있었다. 거기에 뜻밖에도

하얀 쌀이 편편하게 깔려 있었다. 무속이긴 하지만 아버지의 환생한 형상이 무엇인지 궁금했었나 보았다. 자식 된 도리로서야 부디 선업을 받아 인도 환생하기를 바랄 뿐이지만 주술 같은 어머니의 행동에 실없다는 듯 속으로 웃고 말았다.

업경대가 꼭 저승에 있는 거울을 뜻하는 것만은 아닐 것이다. 회개하고 참회하며 현존의 삶을 바른길로 다듬어가라는 의미일 것이다. 겉모습도 어려운데 자기 자신의 속을 정확하게 보기란 쉬운 일이 아니다. 다른 사람은 생긴 그대로, 방향도 정확하게 보는데 정작 '나'라는 존재는 평생 제 모습조차 스스로 보지 못하며 살 수도 있다. 죽음이 인생의 끝이 아니라 삶의 완성이 되기 위해서는 부끄러움 없는 양심과 겸손만이 제대로 자신을 볼 수 있는 방법일 것이다.

나는 어떤 모습일까. 전생이 의심나면 현생을 보고 내생이 궁금하면 지금 나의 행적을 돌아보라고 하지 않았던가. 헛된 명성에 눈멀고 내 능력 밖의 일 때문에 부대끼지나 않았는지, 다칠세라 손해 볼세라 전전긍긍은 하지 않았는지, 이웃에게 무심코 갖게 된 오해나 편견들은 없었는지, 나 스스로에게는 관대하였어도 다른 이에게는 냉정하고 단호한 적은 없었는지 한 번쯤 되돌아보아야겠다. 아둔한 중생이야 알게 모르게 많은 악업을 저지르며 사는지도 모르는 일이다.

잘 살아왔을까. 지금 잘살고 있는 것일까. 앞으로 어떻게 살아야 잘 사는 것일까. 삶 그 후를 지금 삶에 넣어보면 훨씬 삶의 폭이 넓어질 것 같다.

2부

마음의 나침반을 따라가다

●

흠집

친구를 찾을 나이

길 위에서 길을 찾다

새끼손가락

칡덩굴을 걷어내다

천성天性

나체화 속의 여인

바보네 가게

반딧불이의 독백

●

흠 집

성한 것이 없었다.

언덕배기 따비밭 가는 길섶에 주인 없는 복숭아 두 그루가 있다. 누가, 언제, 왜 그곳에 심었는지는 모르겠다. 하늘을 향해 제 마음껏 자란 나뭇가지들이 평소 과수원에서 보던 것처럼 질서정연한 조형물 같지 않아 오히려 낯설다. 잎새 사이 벌겋게 제 알몸을 드러낸 복숭아들에 서왕모의 도원을 훔쳐본 듯 탐욕이 앞선다. 단물 듬뿍 괴인 담홍색 속살, 달큼한 과즙의 향기가 슬그머니 코끝에 감돈다.

멀리서 보아도 씨알이 잘고 태깔이 곱지 않다. 살아내느라 모진 세파를 견뎌낸 민낯처럼 옹골지고 다소 거칠어 보인다. 그래도 사람 손을 타지 않은 자연산 아닌가. 가능하면 크고, 미끈하고, 깨끗한 것을 찾아볼 욕심에 손 닿는 곳까지 어렵사리 따내려 보지만 하나같이

상처투성이다. 멧새들 입질에 물크러졌거나 애벌레 헤살에 표피마다 구멍이 숭숭하다. 큰 기대치를 둔 것도 아니면서 흠집이란 생각에 잠시 실망한다.

아기 살결처럼 여리고 순한 외피는 작은 상처 하나에도 속살을 지켜내기엔 역부족이었던 모양이다. 식구들에게 희생하느라 자신의 존재도 잃어버린 어머니처럼 그 속살에 단물과 향기를 양생하느라 정작 허술해진 외관이 아니었을까. 호침 속의 보늬나 각두처럼 철갑의 방어벽은 자기 욕慾과 환幻의 세기일 뿐 모시옷 같은 껍질 하나면 제 모양내기는 충분했던 것이었으리라.

그때부터였다. 못생기지는 않았나, 티끌만 한 흠이라도 없는지 그 젖빛 표면을 취모멱자吹毛覓疵처럼 눈 살펴 찾기 시작했다. 탐스럽고 부드러운 속살의 유혹은 저만치 제쳐둔 지 오래다. 흠이 없는 것이 분명히 있을 것이라고 단정한 듯 마음이 들썩이고 조바심이 인다. 겉이 번듯하면 속도 완벽할 것이라는 믿음, 좁쌀만 한 흉터 하나로 그 복숭아 전체의 생애가 줄줄이 불량이 되고 말았다.

알고 보면 상처 난 그 복숭아 한 알에도 그들 삶의 내력과 사연이 고스란히 담겨 있을 것이다. 누구의 보호막이나 손길도 없이 한설과 폭염을 홀로 견뎌내며 잎도 열고 꽃도 피워냈을 테다. 가뭄에 목말라도, 기름진 땅이 부러워도 처음 싹 튼 제자리를 탓하지도 않았다. 보아주는 이 없어도 스스로 최선을 다하고, 알아주는 이 없어도 자기에게 주어진 삶에 온 힘을 다해 살아가는 것은 우리네 인생사와

다를 바가 없다. 그 노력과 수고만으로도 열매의 풍미와 감동은 충분한 것이다.

장점보다 결점 찾기가 아니었을까 싶다. 좋아하는 느낌보다 좋아하지 않은 이유 대기가 더 쉬웠던 탓이다. 물건을 고를 때마다 그 내용과 용도에 집중하지 못하고 속지 말아야지, 손해 보지 말아야지 경계심부터 앞섰다. 흠이 어딘가에 있을 것이라는, 숨겨진 결점을 찾아내야만 비로소 제 깜냥을 한 것 같은 강박관념 같은 거였다.

사람 사귐도 그랬다.

처음에는 설렘과 반가움으로 다가갔다. 첫인상이라거나 풍기는 겉모습에 반한 탓에 속마음은 보나 마나라는 식이었다. 숨겨둔 인연을 만난 듯 하루가 멀다며 열성을 보였지만 어느 정도 시간이 지나면 금방 시들해지고 말았다. 한마음, 한뜻인 줄 알았던 상대에게 어느 순간부터 흉과 흠을 들추기 시작했다. 포장지를 뜯어보니 엉뚱한 물건이 배달된 것처럼 실망과 불만은 늘어가고 미워하고 원망하는 일이 잦아졌다. 내 마음에 들지 않으면 모든 것이 흠집이었다.

누구에게나 자기만의 삶의 논리와 의지가 있을 것인데 무엇이든 내 방식, 내 입장, 내 가치대로 판단의 잣대를 들이대었다. 옳으냐 그르냐가 아니라 나에게 좋으냐 나쁘냐의 문제로 세상을 바라보았다. 상처를 받는 것도, 손해를 보는 것도, 자존감이 상하는 것도 나에게만 국한되는 일이었다. 나에게 도움이 되고, 언제나 내 편이 되어주는 관계가 아니라면 구멍 숭숭 뚫린 복숭아처럼 처음부터 잘못

시간 밖의 시간으로

63

된 것이었다.

세상살이가 언젠가부터 속도와 효율을 앞세우고 완벽과 무결점에 길들여진 것 같다. 작은 실수나 허물도 너그러이 받아들이지 못하고 단순한 잘잘못도 옳고 그름을 가려야 성미가 풀린다. 하나를 보면 열을 안다며 아쉽고 미더운 한 부분을 두고 그 사람의 인생 전체를 무능하게 취급하려 들곤 했다. 어쩌면 나는, 있는 그대로의 현실이 아니라 무릉도원 같은 상상 속의 인간관계를 기대하고 있었는지도 모른다.

벌은 꿀을 딸 때 꽃을 가리지 않는다고 한다. 벌에게 중요한 것은 꽃이 아니라 꽃이 지닌 꿀이기 때문이다. 미추나 미백의 겉모습이나 황홀하고 고급스러운 향내로 사람의 진정한 아름다움을 대신할 수는 없다. 사람은 눈비음에 약하고, 세상에는 미인계라는 말도 있지만, 그 마음이나 그 영혼을 사랑하게 되면 껍질은 한낱 속살 가리개에 불과할 뿐이다.

흉을 보고 흠집을 들추던 그 사람들도 시간이 지나고 보면 대부분 오해나 실수에서 나온 일들이었다. 선입견과 차별, 순간의 감정이나 편견의 장애물이었을 뿐 그 본질에서는 약점도, 단점도 아니었다. 어쩌면 틀림과 다름의 경계였는지도 모른다. 모딜리아니의 눈동자 없는 인물화처럼 그 사람의 영혼을 느끼지 못하고 내면의 아름다움을 바라보는 눈이 없었기 때문이 아니었을까.

복숭아 맛이 궁금해진다.

허석 수필집

한 소쿠리 따온 복숭아를 대야에 물을 부어 담가놓는다. 흠집이었던 그 구멍들 속에서 얼마 지나지 않아 꼬물꼬물 벌레들이 분홍빛 알몸 위로 기어 나온다. 숨이 막혔으리라. 낯선 세상을 만난 당혹의 아우성이다. 물을 비워, 그들은 그들의 삶으로 돌려보낸다.

복숭아 한 개를 입에 가져가 본다. 달고 부드러워, 수밀도가 따로 없다. 장독보다 장맛이라더니, 맛도 향도 자연 그대로의 속성이었으니 새와 벌레들도 이를 알고 먼저 찾았으리라. 입가를 흐르는 과즙의 향기가 노을빛 알갱이가 되어 눈앞에 떠다닌다.

어두운 밤에 눈감고 먹는 복숭아가 미인을 만든다고 한다. 겉보다 속이라는 뜻일 게다. 벌레 먹은 복숭아처럼 흠집조차 내 안에 숙성시켜 다디단 과즙으로 만들어내야 할 일이다.

친구를 찾을 나이

술을 끊어본 적이 있었다. 애주가로 자처하는 사람이 금주라니, 늙숙해졌어도 여전히 사랑 타령하는 아내 부탁 하나 못 들어주려 하는 낭만적인 이유에서였다. 술만을 위한 자리는 자연 피하게 되고 술을 권하거나 받기도 사양하는 입장이 되었다. 불편함은 나보다 상대방에게 있었나 보다. 만나자는 전화도 차츰 줄어들고 거리낌 없던 술자리 떠벌림이나 농지거리도 서먹한 모양새가 되었다. 술을 빼버리고 나니 굳이 만나야 할 이유도, 반가움도 시들해졌다. 그 많던 친구들이 하루아침에 사라졌다. 알고 보니 모두 술친구였다.

수첩 빼곡한 친구나 지인들의 숫자를 자랑하던 때가 있었다. 마당발이라거나 인맥이 두텁다는 사회적 능력의 척도이기도 했던 것 같다. 뭔가 특별한 구석이 있거나 대단한 무기가 숨겨진 사람처럼 비

허석 수필집

66

치길 기대했는지도 모른다. 하지만 연말에 수첩 정리를 할 때면 얼굴은커녕 전화 한 번 안 해본 사람이 태반이었다. 오뉴월 보릿자루 끌어안듯 숫자만 늘려가다가 몇 년간의 유효기간을 둔 뒤에야 마지못해 지워버리곤 했다.

나이에 따라 어울리는 친구도 달랐던 것 같다. 어릴 때는 같이 잘 놀아주고 마음 착한 친구가 최고였다. 청년 시절에는 패기와 의리가 있어 영웅적인 기질이 돋보이는 친구와 가까이한 반면, 중년에는 사회생활을 하는데 무슨 일이든 나에게 도움이 될 만한 사람이 우선이었다. 그런 사람은 친분 여부를 떠나 무조건 잘 아는 사람이고, 특별한 관계이고, 호형호제하는 사이처럼 자리매김했다. 술친구, 고향 친구, 학교 친구가 필요에 따라 평생 동지, 그냥 알고 지내는 지인, 모르는 척하는 사람으로 재편성된 셈이다.

친구에게 몰두하고 전력하는 이유가 따로 있었다. 어려울 때 도움을 받을 수 있고 외로울 때 내 편이 되어주어야 한다는 것이 보이지 않는 전제였다. 목적이 아니라 수단으로 접근한 것이 아닌가 싶다. 그의 마음이 얼마나 아픈지 감정적인 교류는 없어도 의리를 위해서는 흔쾌히 금전적인 보증도 서 줄 수 있는 무한대의 우정만을 기대했다. 이해관계가 앞선 친구와는 오래갈 수가 없었다. 조금만 서운한 감정이 생기면 자존심이 대립, 서로에게 상처와 불신만 남기는 불완전한 관계이기만 했다. 세상과 따지듯이 사느라 뭘 하나 수월한 게 없었다.

시간 밖의 시간으로

67

삶을 투쟁이나 전쟁터로 여기지 않았나 싶다. 성공하고 승리해야 한다는 목표에 목을 매달고 사느라 친구에 대한 친소親疎도 능력과 배경을 우선시한 것 같다. 겉으로 드러난 학벌이나 재력이나 사회적 위치에만 눈을 돌리고 그 사람이 가진 품성이나 의식이나 삶의 태도가 어떤지는 무관심했다. 명함 한 장으로 인생 전체를 평가하려 했을 뿐 사람 됨됨이가 어떠한지 깊이 들여다볼 여유가 없었다. 달면 삼키고 쓰면 뱉듯이, 후박厚薄을 둔 세상살이가 졸렬하고 비겁했다. 시기, 질투, 교만, 탐욕이 매번 앞섰다.

어느덧 은퇴 연령에 접어들었다. 이제는 남을 따라잡으려고 애끓는 욕심도, 누구처럼 되고 싶어 고심할 필요도 없는 나이가 되었다. 남들 부러워할 일도 없는 '있는 그대로'의 삶에 충실해지면서 자연히 친구에 대한 의미도 달라지는 것 같다. 잇속과 실속을 염두에 둔 그런 외피적인 친구가 아니라 낯설고 두려운 인생길에 마음에 위안과 평안을 주는 사람에게 자연 눈길이 가게 된다. 자신의 약하고 못난 속내까지 훌훌 털어놓을 수 있는, 그의 아픔이 내 아픔이 되는, 서로가 서로에게 기쁨이 되는, 그리운 날엔 육필로 편지 한 통 보낼 수 있는, …… 그런 정인이 나에게도 있는지 모르겠다.

수많은 세상 안에는 나와 공명을 일으키는 무늬가 있다고 한다. 한 개의 현이 울리면 그와 비슷한 파장을 가진 현들이 따라 운다는 엠퍼시Empathy다. 기질과 취향과 문화가 비슷한, 같은 문법을 사용하는, 서로가 서로를 닮은, 마음과 관념과 정서로 소통하는 친구일

허석 수필집

것이다. 침전된 삶의 노폐물을 정화하고 살아온 신념과 가치를 서로 옹호할 수 있는 진정한 씨동무를 찾고 싶다.

멀리 있어도 가까이 있는 것처럼, 몇 년 만에 만났어도 어제 만난 것처럼 마음에 거리감이 없는 그런 친구일 것이다. 같이 시간을 보내며 한마디 말도 없었는데도 마치 오랜 세월을 두고 마음의 대화를 나눈 것 같은 허물없는 친구다. 격식을 차리느라 눈치 보지도 않고 도움을 준 것에 고맙다는 소리를 기대하지도 않는 막역하고 홀연한 그런 사이이다.

세상 사는 이치와 방법이 서로 다르면서 친구라는 이유로 무조건 손을 들어주거나 화를 참아내려고 애쓸 필요도 이제는 없을 듯하다. 모두를 만족시키는 사람이 되려고 두루두루 마음에 두느라 애태우고, 힘들어하고, 아쉬워하고, 불만을 토로하는 심적 부담감도 이제는 갖고 싶지 않다. 내가 기쁘고 즐겁지 않은데 굳이 어울리고 시간을 함께해야 할 이유가 따로 있을까. 유유상종이라고, 그는 그에게 맞는 친구가 있을 것이고 나는 나에게 편안한 친구가 있는 것이다.

무더기로 친구 사귈 나이도 아닌 것 같다. 책과 친구는 수數가 적더라도 내용이 좋아야 한다는 격언이 있다. 친구의 많고 적음이나 새로 만나는 친구가 있고 없음이 중요한 게 아니다. 나에게 어울리는 친구는 이미 내 안에 있다. 내 주변에 그림자처럼 항상 있어왔고 지나온 인연 속에 오랫동안 지워지지 않는 사람이 분명 있다. 처음 만나는 사람처럼 정작 관심과 성의를 기울여서 소중하게 대접해야

할 사람이다. 나에게 말을 걸어오는 사람이 아니라 내가 먼저 말을 걸고 싶은 사람이다.

남 눈치 볼 줄 알고, 작은 일에도 쉽게 감동하고, 벙긋 웃으면 어린아이 같고, 나이 들어서도 부끄러움이 여전한 그런 사람이다. 순하기도 하지만 남을 위해 배려와 겸손이 앞서는 선한 사람이다. 머리가 좋은 사람이 아니라 가슴이 따뜻한 사람이 내가 찾는 친구이다.

길 위에서 길을 찾다

삶의 길. 누구도 말해주지 않았다. 이 길은 바르고 저 길은 그르다고 말하는 사람도 없었다. 틀린 것이 아니라 다만 다를 뿐이라고 귀띔만 해주었어도 한층 사는 게 수월했을지도 모른다. 남들이 가는 길을 서둘러, 열심히 따라만 다닌 생이었다. 그것이 옳은 일이었고 그래야 마음이 편했다. 남들 보기에는 같은 길이었지만 나에게는 언제나 낯선 길이었다. 길은 걷고 있었지만 왜 그 길을 걷느냐고 물어오면 이게 내 길이라고 분명하게 대답하지 못했다.

잘 살아왔는지, 잘 살고 있는지, 어떻게 살아야 잘 사는 것인지 자신을 되돌아보고 싶을 때가 있다. 그럴 때 길을 나선다. 길은 마음의 시공간이고 자아로 가는 통로이다. 과거도, 미래도, 영혼도 모두 길의 연장선상이며 삶의 여정이다. 하늘에는 새의 길이, 강에는 숭어

시간 밖의 시간으로

의 길이 있듯이 삶이란 제 발로 제 길을 걸어가는 일이다.

마음속 풍경 같은 길이 있다. 김천 불영산 청암사로 가는 길이 그렇다. 자연과 사람, 주위의 사물이나 구조물이 한 폭의 수채화처럼 자연스럽고 조화롭게 어우러진 곳이다. 덩두렷하게 예쁜 산과 산마루 고갯길의 여정, 생명의 울림으로 가득 찬 계곡, 단아하면서도 정 갈하고 정겨운 분위기의 절집. 누가 앞서거나 홀로 잘 보이려 애쓰지도 않는다. 빛은 있어도 눈부시지 않고 닫혀 있는 것보다 열려 있는 것이 많은 곳이다.

산문을 지나 절로 오르는 길은 청량한 계곡과 함께한다. 모시색으로 비말飛沫을 일으키는 산간수는 깨우침을 찾아 떠나는 운수납자雲水衲子처럼 청처짐하게 흘러간다. 독경 소리 익숙한 산새들은 뭉우리 돌들 사이에 날개를 접고 조심스레 발을 담그고 있다. 바위마다 오래된 석각문이 가득하다. 부처의 자비와 깨달음에 의지하려는 수많은 중생의 발원을 담았을 테다. 제 보폭을 잃고 얼마나 삶의 가속도를 붙여 살아왔던가. 오체투지 하듯 달팽이들의 보법으로 천천히 숲을 따라간다.

계곡 따라 울울창창한 나무들이 장승처럼 기대어선 숲은 자애롭고 숙연하다. 송간松間을 비집고 불어온 신선한 공기를 들이마시니 비워낸 몸이 가벼워진다. 숨결조차 다잡아지는 메숲진 바람에 모든 우수사려憂愁思慮가 눈 녹듯 사라지는 것 같다. 일주문부터 경내 안까지 산문 길에는 싸리비로 빗질한 자국이 빗살무늬토기처럼 선연

하다. 그것 또한 구도의 과정이었던가. 가고 오는 숨탄것들을 위해 새벽부터 명경지수 하는 수행자의 모습이 눈앞에 그려진다. 길가 약수 한 사발에 우물가 등물 놓듯 서늘한 바람이 등줄기를 훑고 지나간다.

절이 예쁘다. 절의 위치가 높지 않고 산사의 풍취가 흘러넘쳐 자연경관이 그대로 살아있다. 고즈넉한 옛 법당과 정갈한 요사채가 산에 둘러싸여 새알처럼 둥지를 틀었다. 아담하지만 적지 않은 규모의 사찰은 신라의 천년 고찰이었음을 말없이 전해준다. 계곡물이 흐르는 극락교 다리를 건너야 본당이 있는 경내에 이르게 되어 있는 가람 배치가 특이하다. 속계와 진계이 또 다른 경계 같다. 승가대하인 정법루와 율원, 수도암과 백련암에서 수도 정진하는 비구니 스님들의 경전 외는 소리가 은은하게 들려온다.

가운데 개울을 두고 대웅전 반대쪽에는 절집 같지 않은 건물이 하나 있다. 사대부 집처럼 솟을대문과 푸른색 지붕을 가진 극락전과 보광전이다. 조선 숙종의 인현왕후가 장희빈의 무고로 폐서인이 된 후 이곳에서 삼 년을 머물며 불공을 드리다 궁으로 돌아갔던 특별한 내력을 가진 곳이다. 나라의 국모로서, 또 버림받았던 왕비로서의 그 길은 장삼이사 민중의 삶과 무엇이 달랐을까. 어느 누구인들 사는 일에 아픔과 슬픔이 없을까만 그 번민과 애환에 잠시 되돌아보게 한다.

법당을 들랑거리는 비구니나 불자의 표정이 평화롭다. 그들은 무엇을 기도하고 간구하는지, 생사의 이치라도 깨달은 듯 눈빛이 순하

시간 밖의 시간으로

73

고 간이簡易하다. 바람이 제 갈 길 가듯 묵묵히 자기 일들을 하느라 쉽게 눈 맞추지도 않는다. 번설보다는 묵언인 모양이다. 그들을 바라보는 것만으로도 무엇인가 마음의 위로를 받는 느낌이다. 세상의 모든 말과 귀와 손들이 잠시 묵음 처리된 평온이다.

애된 비구니 스님이 종종걸음 하더니 절 입구에 공중전화부스로 향한다. 휴대폰도 없을까 싶다가도 여기가 불도 수행을 위한 결계지結界地임을 새삼 깨닫는다. 일정한 장소에 거처하고, 남은 음식을 간직하여 두지 않고, 옷을 벗지 않아야 하는 청정도량이다. 속세의 가족들에 대한 인연을 차마 끊어내지 못한 것일까. 삭발한 그 비구니 여승처럼 파르스름한 하늘이 눈물겹게 아름답다. 내게 나의 길이 있듯이 그에게도 그의 길이 있음을 새삼 깨닫는다.

산다는 것은 결국 사랑과 행복에 목매다는 일이다. 어떤 의미와 가치를 두고 자기 삶을 행복으로 박음질할 것인가는 각자에게 주어진 몫이고 길이다. 해답이 따로 있을까. 왕후장상의 길이든 구도자의 길이든 자기다운 길을 자기답게 당당히 가는 것, 속리俗理에서 벗어나 보다 의롭고 자유로운 영혼이 그들의 삶에 증거하기를 기대해 볼 뿐이다.

풍경 그윽한 산사의 길은 지친 내게 어깨를 내어주고 일렁이는 마음을 재워주는 쉼터이며 안식처가 된다. 치유와 위안이고, 그래서 힐링이다. 승속이 따로 있을까. 삶의 무게가 버거운 중생들에게 깨달음의 길은 멀지만 위안의 길은 가까이에 있다.

새끼손가락

오래전 어느 날이었다. 손이 이상했다. 갑자기 오른손 새끼손가락
이 움직이지 않았다. 관절이 굽혀지지가 않아 주먹을 쥐어도 새끼손
가락 혼자만 볼썽사납게 뻣뻣한 채로 있었다. 다른 손으로 억지로
구부리면 뚝뚝 뼈마디 꺾이는 소리가 나고 살짝 아프기까지 했다.
시간이 지나면 괜찮겠지 했는데 한방 침을 맞아도 여전히 풀리지 않
았다. 낭패였다.

심각하게 여기지는 않았다. 젓가락질이나 키보드 작업할 때 조금
불편하기는 했지만, 실생활에 크게 지장을 주는 일은 아니었다. 말
그대로 길이도 짧고 굵기도 가늘어 볼품없는 새끼손가락 아닌가. 사
랑의 언약이나 선물 약속할 일도 따로 없으니 굳이 새끼손가락이 나
설 일도 없었다.

다만 남의 눈에 조금 거슬려 보이는 것에 신경이 쓰였다. 손을 내놓고 있을 때 새끼손가락 혼자만 펼쳐져 있거나 구부러져 있어서 습관상 일부러 그런 것처럼 오해를 사거나 불편해 보이기도 하는 게 문제였다. 남 앞에서는 슬며시 손을 숨기고 관절을 꺾어 제자리에 돌아오게 하곤 했다.

미국에 이민하였을 때 처음에 사이딩Siding이라는 일을 했었다. 횡으로 된 긴 패널을 건물 외벽에 못으로 부착시키는 일이었다. 온종일 망치로 두드리고 큰 가위로 건축자재를 절단하다 보니 손에 통증이 심했다. 같은 동작을 수없이 반복하느라 손가락에 충격이나 무리가 갔었나 보았다. 처음 해보는 일이라 요량도, 요령도 없었다.

몸을 써서 살아보지는 않았다. 손이란 그저 공부나 하고 사무실에서 볼펜을 쥘 때나 쓰는 일인 줄 알고 살았다. 어린 시절을 시골에서 자랐지만, 아버지가 조그만 사업을 한 덕분에 농사 연장 한번 쥐어보는 일 없이 넉넉한 환경에서 성장했다. 이민하기 전 한국에서의 직장생활도 넥타이 맨 사무직이어서 현장 노동일과는 처음부터 아무 관련이 없는 사람처럼 평탄한 인생이었다.

미국에서 몸으로 사는 일은 당연한 일이었다. 그 나라에서 필요로 하지 않는 재주나 능력은 더 이상 효용 가치가 없었다. 돈도, 인맥도, 사회적 기반도 없는 곳에서 눈앞에 보이는 일들은 힘들고, 더럽고, 위험한 노동자의 일밖에 없었다. 일과를 마치고 집에 돌아오면 온몸이 욱신거리고 끙끙 앓느라 밤새 잠을 못 이루곤 했다.

삶의 곡절은 누구에게나 있게 마련이다. 이런저런 이유로 이민하게 되었지만, 인어도, 환경도 낯선 곳에 새롭게 정착하기는 쉽지 않은 일이었다. 하지만 인간만큼 적응능력이 뛰어난 생명체도 없다고 하지 않았던가. 먹고살기 위해 일하는 손은 귀하거나 천한 것도 없고, 곱거나 거친 것도 없고, 깨끗하고 더러운 손도 없다는 것을 눈치채는 데는 그리 오랜 시간이 걸리지 않았다.

그 후 그 일을 그만두고 다른 직업을 가졌지만, 여전히 손가락 신경은 정상적으로 돌아오지 않았다. 과거 막노동을 해봤다는 증표처럼 꼿꼿하게도 그 자리 그대로를 지켰다. 큰 병도 아니고 심각한 장애도 아니어서 이제는 평생 고칠 수 없는 일이려니 아예 체념하고 산 지가 20여 년이 지났다.

어느 날이었다. 글씨를 쓰는데 새끼손가락 움직임이 뭔가 달라진 느낌이었다. 구부리지도 않은 손가락이 이상하게도 약지 밑에 얌전히 굽혀져 있었다. 조심스럽게 손가락을 하나씩 펴보았다. 뜻밖에도 새끼손가락이 홀로 구부러지고 펴지고 자연스럽게 움직였다. 자고 일어난 새가 의식하지 않아도 날갯짓을 시작하듯 처음부터 아무 일도 없었던 것처럼 손가락도 저절로 원상태로 돌아와 있었다. "얏호!"였다.

거추장스러운 외투 하나 벗어던진 것 같았다. 기적이라고 하기에는 겸연쩍지만, 암으로 병들었던 몸도 열심히 살다 보면 자기도 모르게 회복이 되더라는 이야기처럼 신기한 일이었다. 신체의 흐름을

가로막고 있던 미세한 신경세포 중 하나가 저절로 풀렸기 때문이리라. 뒤늦게 뭔가 결자해지라도 한 기분이었다.

인간관계도 그런 예기치 않은 일의 반복이 아닌가 싶다. 세상을 살다 보면 이런저런 이해관계 때문에 좋지 않은 인연들도 갖게 되는 게 사실이다. 알고 보면 대부분 오해와 소통 부족에서 오는 것인데도 한번 깨어진 신뢰의 원상회복이 쉽지가 않다. 영화의 미장아빔 기법처럼 그때그때 원망과 미움이 자꾸만 되살아나서 오랫동안 마음에 가시처럼 품고 있는 경우가 많다.

서로의 다름을 인정하고 아끼고 배려하는 마음의 여유가 없었던 것 같다. 그저 나를 보듯 남을 보면 될 텐데 실상 그게 어려웠다. '나는 옳고 너는 틀리다.'라고 내 처지에서만 주장했다. 이런 일, 저런 일로 이루어진 세상을 좋은 일, 나쁜 일로만 구분하며 살았다. 알고 보면 세상 앞에 약자弱者 아닌 사람 없는데 서로 위로하고 격려해주지는 못할망정 그 약자들끼리 헐뜯고 비난하며 살아온 셈이었다.

사람과의 감정의 골도 때가 되면 아무 일도 없었던 것처럼 자연스럽게 사라지고 아물어진다면 얼마나 좋을까. 나이가 들도록 번외 하며 살았던 상처와 굴레도 내려놓고 묵은 체중 내려가듯 마음의 짐도 홀가분하게 벗어났으면 좋겠다. 치유는 나에게 달려 있다. 이제는 마음이 결자해지할 차례인 것 같다.

허석 수필집

78

칡덩굴을 걷어내다

칡덩굴. 이 녀석만큼 범강장달이요, 두억시니 같은 심사를 가진 놈도 따로 없다. 이전투구泥田鬪狗, 인면수심人面獸心, 낭탐호시狼貪虎視, 면리장침綿裏藏針, 파렴치한破廉恥漢의 모든 성긴 이름으로 불러주고 싶다. 장미목 콩과의 쌍떡잎 덩굴식물, 다년생으로 산기슭의 양지에서 잘 자라며 줄기는 20m 이상 뻗쳐나간다. 그 뿌리는 오래전부터 구황작물로 식용되었고, 요즘은 자양강장제나 칡차 등 건강식품과 갈근葛根의 형태로 한약재로 이용되고 있다. 이것이 너의 이력의 전부이다.

너의 행적은 무엇이냐. 일방적인 가해자로 자리매김하는 것은 나의 편협성 때문인지도 모른다. 나무건 풀이건 닥치는 대로 기어올라 틀어쥐고 옭아매서 수액 활동을 방해하고, 그 둥글넙데데한 잎으로

나무 전체의 햇빛을 차단해 결국은 고사시키는 일이 네가 하는 전부가 아니더냐. 전차군단이라도 된 듯 바위에도, 길바닥에도, 풀숲에도 너의 굵고 질긴 줄기로 씨줄 날줄처럼 아무렇게 질러다니는 통에 사람들이 너에게 발이 걸려 중심을 잃고 허공에 허우적대기가 어디 한두 번이더냐. 가끔은 나무로 올라간 줄기가 공중에 매달려 귀신 달라붙은 것처럼 바람에 흐느적거리기도 하고, 그 줄기가 매년 굵어져서 시커먼 나무 몸통처럼 자라는 것을 두고 식물도감은 너를 나무로 분류하는지는 모르겠다만 그렇다고 네가 목재로서 가치가 있느냐, 땔감이 되냐, 방풍이나 방수림이 되어주기라도 하냐. 자연에게, 인간에게 조금이라도 보탬과 도움이 되기는커녕 해마다 너의 덩굴로 온 산천을 뒤덮어 흉물스럽게 만들고 사람에게는 바쁜 일손으로 성가시게 만들기만 하니 너야말로 생태계 파괴 식물임이 분명하다.

너의 끈질긴 생명력은 익히 알고 있다. 다 썩어가는 뿌리에서도 새로운 줄기가 끊임없이 생성되어 나오고, 남들 모두 땅속에 숨어든 혹한 겨울 추위와 바람에도 얼마나 독한 심지로 버텼는지 그 많은 줄기를 온전하게 살려내지 않는가. 장애물도 따로 없다. 앞으로 가다가 막히면 그대로 넘어가고 아니면 둘러서 가고, 높은 곳이든 낮은 곳이든 가릴 것도 없이 자유자재로 뻗어가는 그 대담성이 참으로 부럽다. 희한한 것은, 눈에 보이는 대로 모든 물체를 휘어 감는 것이 속성이면서도 자기들끼리는 절대 얽히거나 생채기 나는 일이 없이 각자 살길을 찾아 협력관계를 유지하는 것을 보면 그 영악스러운 처

사와 행실이 밉살스럽기 그지없다.

고로쇠나무 어린나무를 산자락에다 성성스네 심었나. 경작하시 않았던 땅이라 올봄에도 칡덩굴이 제 세상처럼 기승이다. 작년 여름 뙤약볕 아래에서도 며칠 밤낮을 사투를 벌였건만 장마 몇 번 치른 후로 더 번창하여 저렇게 온 사방에 기세등등하게 호기를 부리고 있다. 그 어린나무의 몸통에 뱀이 기어오른 것처럼 깊은 상처를 남겨 두고 말라 죽게 하였거나, 묘목 줄기를 땅바닥으로 허리가 휘어지게 땅겨서 제대로 크지도 못하게 만들어놓은 것이 부지기수다. 내 올해 그 꼴을 다시 못 보겠으니 나무에 잎 열기 전에 너를 깡그리 걷어내고야 말리라 단단히 다진한다.

사방팔방 뻗어나간 줄기 중에 튼실한 놈 하나를 골라잡아 우선 이 놈의 뿌리를 찾아 추적을 시작한다. 칡덩굴은 중간 중간에 줄기를 잘라주어서는 아무 소용이 없다. 곳곳에 수염뿌리를 가지고 있어 그 것을 뽑아서 걷어내지 않으면 마디마다 또 새로운 줄기를 사방으로 뻗으니 허사다. 저기인가 싶으면 나무 옆으로, 또다시 바위 틈새로 연결된다. 몇 발자국을 또다시 줄기를 붙잡고 따라다닌 후에 책상다리처럼 뭉텅한 뿌리 등치에서 방사상으로 뻗어나간 본거지를 발견한다. 그 뿌리 하나에서 참 많이도 분화되었다. 우선 뿌리 귀두 가까이에 줄기를 모두 잘라내고 그중 엄지손가락 굵기만 한 놈을 시작으로 하나를 집어 들어 뻗쳐나간 줄기를 양손으로 오그라지게 붙잡고 당겨본다. 움찔한다 싶었는데 이게 땅에 어지간히 심지를 박았는지

쉽게 당겨오지를 않는다. 몇 번을 당겨도 탄력으로 튕겨오기만 할 뿐 여간 애먹이는 게 아니다. 양발을 땅에 버팀대로 삼고 젖 먹던 힘까지 동원해서 힘껏 당겨본다. 그제야 조금씩 따라 나오기 시작하는데 이상하게도 온 사방에서 땅이 들썩이며 반응한다. 땅속에 박혔던 수염뿌리 뒤로는 한 줄기가 두 줄기가 되고 그것이 또 네 줄기가 되고 여덟 줄기가 되어, 앞뒤 좌우 온 방향으로 퍼져 있었던 모양이다. 바위 뒤에 숨었다가도 끌려 나오고, 낙엽 밑에 감춰져 있다가도 줄줄이 딸려 나온다. 끝자락이 손에 잡힐 때는 많은 가닥이 한 손에 합해져 손아귀에 한 아름의 실타래로 거두어들인다.

왠지 뿌듯한 것이, 아프고 속 썩이던 것을 여발통치한 기분이다. 인간사회에서 바로 이런 것을 두고 숙청이고 청산, 일망타진이라고 하는 것인가 보다. 비리, 부정부패, 뇌물, 청탁과 같은 음성적인 일들은 그렇게 서로가 밀접한 연결고리를 이루고 있어서 어느 한 곳을 캐내면 줄줄이 그 조직의 실체가 드러나는 것인 모양이다. 점조직처럼 그물망을 이루고 있어서 전체를 한꺼번에 걷어내지 않으면 그 어느 한쪽 뿌리에서도 다시 기하급수적으로 자생하는 것이기에, 적어도 눈에 보이는 땅 위에 칡덩굴만이라도 말끔히 정리되도록 어느 한 줄기도 놓치지 않을 생각이다.

문제는 뿌리다. 뿌리가 살아있으면 또 철마다 줄기가 새로 생기고 해마다 이 청산 작업을 반복해야 하는데 이 뿌리를 없애기가 만만치 않다. 이놈이야말로 암이고, 악의 근원인 셈이다. 땅속을 파헤쳐 뿌

리를 완전히 뽑아내어 버리면 가장 완벽하겠지만 그게 생각만큼 쉬운 일이 이니다. 보이지도 않는 땅속에시 이디쯤, 얼마민 힌 크기로, 어떤 모양새로 자리 잡고 있는지도 모르고 그걸 캐어내자면 삽과 곡괭이를 들고 몇 시간이고 실랑이해야 할지도 모른다. 더구나 흔한 칡뿌리 하나 캐어냈다 한들 누구에게 별로 공치사 받을 일도 못 된다. 골치 아프고, 행여 위험할 수도 있고, 실속도 없이 수고만 더하는 일은 가능하면 손대지 않는 것이 상책이다. 더구나 불요하고 헛일을 한다며 누가 옆에서 간섭이나 시비라도 걸어오면 그동안 해오던 힘마저도 맥없이 빠져버린다. 그러다 보면 칡뿌리도 땅 위에 눈에 보이는 밑동만 말끔하게 자르는 것으로 만족하고 만다. 결국, 없애지는 못하지만 불신의 감정까지 없어진 것은 아니다. 내년에 반드시 너를 요절내리라 위안 삼아 다짐은 하지만, ……결국 그렇게 악의 뿌리는 쉽게 근절되지 않는다.

시간 밖의 시간으로

천성天性

숫기 없고 악착같지도 못했던 어린 시절, 남 앞에 옹골차게 나서지도 못하고 빈축 맞게 눈치나 보며 겉으로만 맴돌아 매사 손해나 볼 것 같아서, 그래서 저 험하고 약은 세상 어떻게 살아가느냐고 부모 눈에 염려가 되던 그때 모습이 갑자기 떠올랐다. 눈 부릅뜨고 굳게 입 다문 야무진 동갑내기 사촌과 언제나 비교되었지만, 제각기 살아가는 재주와 요령들이 따로 있었는지 지금껏 그도 잘 살고, 나도 잘 산다.

늦은 오후였다. 못 보던 강아지 두 마리가 언덕배기 오르막길을 따라 쫄래쫄래 집 앞으로 올라온다. 이제 반 돌이나 지났을까. 품에 안길만한 작은 몸집에 아장대듯 서로를 위무하며 귀여운 걸음이다. 저들도 유유자적, 풍광을 즐길 줄 알아서 이곳 산 중턱까지 한가로

이 나들이를 나섰을까. 세상 구경하는 호기심에 주변을 연신 두리번거리며 제 할 짓 다 하고 오느라 한참을 기다려서야 눈앞에 나를 발견한다.

생긴 모양이 같으면 성향도 같을 것이라는 단정은 순간의 편견이었다. 겉보기에는 쌍둥이처럼 모양이나 체수가 똑같은 강아지인데도 엄연히 성격 차이가 분명해서 서로가 전연 다르게 반응했다. 한 녀석은 나를 보자마자 제 주인이라도 만난 듯 호들갑스럽게 꼬리를 흔들며 달려와 다리 사이를 오가며 폴짝거리는데, 또 다른 한 녀석은 두 눈 가득 경계심을 품고 저만치 떨어져서 눈치를 살피며 머뭇거리고만 있었다. 상대방의 친절이나 위해성 여부를 확인해야만 비로소 안심하겠다는 모양이다. 같은 어미를 두고 태어나고, 같은 주인의 보살핌 아래 다르게 대접받지도 않았을 텐데 저리 행동이 다른 것을 보니 사뭇 신기하기만 하다.

천성이리라. 얼굴만큼이나 다른, 각각이 태어날 때부터 가진 마음 바탕과 본질 말이다. 인간의 존재는 그 천성에 의존한다. 사람들은 원래부터 성향이나 정서가 달라서 같은 현상이나 사안을 두고 인식과 반응이 가지각색인 것이 당연하다. 천성난개天性難改라 했다. 바꾸고자 한들 천년의 약속처럼 가슴에 인으로 박힌 그것을 어찌 들어낼 수 있으며, 내가 나 아닌 척 자기답지 않게 산다는 것이 남의 옷을 빌려 입은 것처럼 그 어색하고 불편함을 어찌 감당할 수 있을까 싶다.

시간 밖의 시간으로

사회적인 우열이나 경쟁력을 기준으로 성품의 장단점을 논하지 않았다면 세상에 그 어느 것 하나 존엄하고 절대적이지 않은 게 없다. 어떻게 살고, 무엇을 좋아하는 것이 행복한가가 명약관화하게 정해져 있다면 그것보다 세상살이가 편하고 쉬운 게 어디 있을까. 정해진 절차대로, 누구나 일정한 공식대로 흉내 내며 살아가면 그만이겠지만 사람마다 가치판단의 척도가 다르기에 그 행복감이나 만족감도 모두 같을 수만은 없는 것 같다. 인생에 있어 성공과 실패란 것은 처음부터 없었던 것이다. 이렇게도 저렇게도 자기 의지와 처소대로 살아가는 것이 세상의 본모습이니, 그렇게 모두가 똑같지 않음이 당연하기에 우리의 삶이 다채롭고 풍성한 것이 아닌가 한다.

혹시 누군가를 두고 도대체 이해가 안 되는 사람이라느니, 쓸모없는 인간이라고 생각해본 적이 있을지도 모르겠다. 나와 생각이 다르다고, 일 처리가 조금 미숙하다고 그 사람의 전체가, 그 사람의 평생이 별 볼 일 없는 인생이라고 단정한다면 그것은 조급하고 미욱한 생각일 것이다. 오늘 필요한 것이 내일은 불필요해질 수도 있고, 현재의 단점이 미래에는 장점으로 변모할 수도 있는 것이 변화무쌍한 세상의 이치이다.

저기 넉살 좋고 붙임성 있는 강아지가 사람들에게 귀여움을 많이 받겠지만 그게 세상 사는 유일한 방법이거나 정답은 아닐 것이다. 저 소심하고 미욱해 보이는 강아지가 제대로 빌어먹기나 할까 걱정도 앞서지만, 세상이 그리 편협하거나 옹졸하기만 한 것도 아니다.

어디서 어떤 모양으로 자기만의 삶이 찾아올지도 모르고, 엄연히 운명이란 게 있어 어떤 주인을 만나느냐에 따라 삶의 질과 방향이 하루아침에 달라질 수도 있는 것이다.

저들의 성격처럼 행복에 대한 관념도 서로 달라서, 주인한테 사랑받으며 잘 먹고 따뜻한 곳에서 지내는 것을 즐거할지도 모르고, 아니면 자기에게 자유롭고 편안한 세상 밖의 생활에 더 관심을 가질지도 모르는 일이다. 자유는 없지만 먹을 걱정 안 하는 노예가 되느냐, 자유는 있지만 하루의 살림이 근심인 품꾼이 되느냐 하는 인간사와 다를 바가 없는 듯하다.

체로키 인디언들은 자식들에게 '네가 아닌 것이 되려고 애쓰지도 말고, 다른 사람이 네게 무엇이 되라고 말하게도 하지 말라.'고 가르쳤다. 둥근 것은 둥근 것으로, 모난 것은 모난 것으로 저마다 존재 이유는 있다. 신은 말하지 않았던가. '나는 너의 기쁨과 슬픔 속에 늘 함께한다. 나는 너를 다르게 만들 수 없었다.' 세상은 남에 의해서가 아니라 내가 살아내는 것이다. 남의 기준과 잣대로 나의 행복을 저울질하고 휘둘릴 필요가 없을 것 같다. 더욱이 남의 불행이나 열등감을 통해 나의 만족감이 증대된다면 그보다 비열하고 비겁한 일도 없는 것이다.

삶은 온갖 생명의 꽃밭이라고 했다. 다양한 사람들이 꽃보다 아름다운 각자의 색깔과 향기를 담고 살아가는 곳이다. 어떻게 먹고 사는지, 자신이 누구인지, 무엇을 원하는지, 무엇으로 행복할지 그 의

시간 밖의 시간으로
•
87

미와 가치도 제각각 다른 곳이다. 오른손잡이도 있고 왼손잡이도 있다. 기계는 잘 못 만져도 편지는 잘 쓰는 사람이 있고, 남 앞에 말주변은 없어도 마음 씀씀이 하나로 더 많은 박수를 받는 사람도 있다. 비록 이해하기가 당장 어렵다고 할지라도 그 서로의 다름과 차이는 분명 인정을 해야겠다.

강아지들의 귀여운 모습에 먹을거리라도 꺼내주고 쓰다듬어 주고도 싶었지만, 그것이 그들과의 탁정託情이 되고 번거롭게 잦은 방문이 될까 봐 짐짓 관심 없는 체 그냥 집 안으로 들어와 버렸다. 살그머니 창문 너머로 그들을 내려다보았다. 박정한 사람의 뜻을 헤아렸는지 섬돌 주변을 잠시 맴돌고는 앞서거니 뒤서거니 자기들 갈 길로 돌아간다. 이번에는 오히려 나를 보고 주춤거렸던 강아지가 앞장서서 당당하게 걷는 것이 아마도 좁디좁은 인간 속내를 이미 알고 있었다는 듯, 그것 보라고 희떱게 조롱이라도 하는 것 같아 괜히 가슴이 뜨끔해진다.

저들이 걷고 있는 저 길도 인생행로와 결코 다를 바가 없겠다 싶어 일순간 신산스러운 기분이 든다. 천성은 영혼의 지문이다. 삶에 옳고 그름은 없을 것이니 사람에게나 강아지에게나 산다는 건 역시 물음표 같은 것이 아닐까 한다.

나체화 속의 여인

어둑한 회청색 벽 앞에 호롱불 같은 알몸으로 기대선 여자. 탄력 잃은 둔부와 윤기 없는 살결. 일터에서 돌아와 발치에 널브러진 옷가지들. 삶의 흔적과 고난의 더께로 무장한 듯 움츠러든 어깨선과 주름진 손등. 힘없이 처진 앞가슴과 허릿살에서 느껴지는 세월의 이력. 흐트러진 머리칼 사이로 드러난 화장기 없는 오십 대 여자의 얼굴에는 감꽃 같은 미소와 눈빛만이 유일한 생기였다. 결코 관능적이거나 청순하지는 않았지만, 수치심이나 경박함도 배제된 한 장의 나체화였다.

창문을 흔들고 지나가는 초겨울 바람이 꽤 매몰차다. 온기 사라진 갈잎들이 허공을 도리깨질하듯 솟구쳐 갈지자로 자유 비행을 한다. 군더더기 살점들을 떨어낸 나목들의 여린 가지 사이로 얼음장 갈라

시간 밖의 시간으로

지듯 하늘 조각이 선연히 드러난다. 울먹인 삶의 그림자가 창가에 서성인다. 산다는 게 무엇인가.

초바늘이 시간을 재촉하듯 세월 속에 던져버린 삶이 아니었을까. 무엇으로 치열해야 하고, 내가 누구인지도 모른 채 휴지기 같은 텅 빈 가슴으로 살아왔다. 수많은 군중 속에 묻혀 걸어가는, 세상에 뭔가 빠뜨린 듯한 덧없음과 상실감이었다. 주어진 운명의 궤도를 한 치 저항 없이 받아들여야 하는 무력감, 침묵으로 착색된 상처들은 어쩌면 완치가 불가능한 선천적인 지병 같은지도 모른다.

그가 미국에 온 지 이십 년이 훌쩍 넘었다. 삼십 초로에 시작한 이민 생활은 처음부터 가시밭길이었다. 기득권 없는 사회, 가진 것 없는 현실은 육체적 노동이라는 피할 수 없는 선택권을 주었지만, 그것이 결코 번민이나 자괴 같은 것은 아니었다. 고립감과 낯섦, 외로움도 참아 넘길 만한 일이었다.

문제는 따로 있었다. 나는 무엇 때문에 이곳에 왔는가에 대한 물음이었다. 자신에 대한 꿈이 없었고, 삶에 대한 설렘이 없었다. 행복을 찾는, 새 출발에 대한 막연한 기대는 있었지만 유일한 행로는 돈 버는 일뿐이었다. 경제적 풍족과 여유, 성공에 대한 갈망은 세상 어느 곳과도 다를 바 없었다. 그것만이 삶의 목표와 지향점이 되는 것이 두려웠다. 낮과 밤의 시간 단위에 익숙해지고, 일상의 단순성과 건조함에 길들여갔지만 세상살이에 대해 서먹함은 여전했다.

회의와 후회, 그 원망을 아내에게 돌렸다. 생활고와 자녀교육을

핑계로 가족을 낯선 땅으로 내몰았다는 이유에서였다. 껍데기 같은, 한계상황의 숙명을 탓하며 한때는 방황도 했다. 가게와 집안일을 돌보지 않았던 적도 있었다. 혼자서 멀리 여행도 가고, 세상 재미를 불만의 탈출구로 삼기도 했다. 힘들어하는 남편을 위해 아내는 마음에 진 빚마냥 희생과 헌신으로 일관했다. 미안하고 안타까웠지만 되돌아갈 수도 없는 길이었다. 어느덧 자녀들도 장성하고 남편도 제자리로 돌아왔지만, 그것은 용해가 아닌 포기된 수용이었다. 헝클어진 타래는 여전하고, 해갈되지 못한 갈증은 삶을 더욱 지치고 병들게 했다. 침묵은 가난보다 더 힘든 것이었다.

남편의 다락방에는 그림 한 장이 있었다. 맨머리의 한 남자가 다리 위에 서서 두 손으로 입을 모아 고함을 지르는 '뭉크의 절규'였다. 유령 같은 사내를 통해 그는 무엇을 소리치고 싶었을까. 그림 속에 비틀어진 몸뚱이처럼 무엇으로 고뇌했을까. 이민을 오기 전, 한국의 유명한 미대를 졸업하고 서양화가의 길을 꿈꾸던 그였다. 회한과 미련 속에 남아있는, 세상을 등진 나그네의 비움처럼 이미 퇴색된 욕망이었다.

어느 날이었다. 고된 일과를 끝내고 돌아온 그는 탁자 위에 아내의 뜻밖의 선물을 발견했다. 유화물감과 붓, 나이프, 콩테들이 가지런히 놓여 있었다. 꽁꽁 감춰둔 속내를 들킨 듯, 놀라움과 두려움이 한꺼번에 몰려왔다. 그 옆에 하얀 종잇조각이 배꽃처럼 내려앉아 펄럭거렸다. 이름 있는 미술대학 편입서류와 간단한 편지였다. '여보,

다시 시작하세요.'

아내가 옷을 벗었다. 백발이 성성한 나이에 부끄러움도 잊은 채 실오라기 하나 없이 그의 이젤 앞에 다소곳이 섰다. 정지된 화면처럼 시선이 굳어버린 남편에게 고랭지풋것 같은 싱그러운 눈길을 보냈다. 한 줄기의 눈물이 잔잔한 물결이 되고 어디선가 싸리비로 훑어내듯 삽상한 해조음이 들려왔다. 입학 심사 작품에 나체화 제출이 있었다.

그가 붓을 들었다. 떨리는 손으로 아무 말 없이, 나체가 아니라 아내를 그렸다. 살아온 정한과 정감을 화폭에 담았다. 속살처럼 비워낸 자리에 순결한 사랑과 담백한 영혼을 새하얀 빛살로 채웠다. 색채와 향기는 사라졌지만, 세월의 모퉁이마다 희비 애환으로 박음질된 아름다운 목리를 등고선 같은 파도로 남겼다. 채 마르지 않은 물감 자국에 미안하고 감사한 마음을 옥빛 같은 입김으로 덧칠했다. 꿈과 유열이 가슴속에 날갯짓하는 파동은 낡은 창가를 지나가는 자주색 바람으로 숨겨 놓았다.

지금쯤 그는 화가의 길을 걷고 있을 것이다. 어질러진 화실에서 페인트 범벅의 작업복 차림으로 전시회 작품에 몰두하고 있을지도 모르겠다. 내가 내 안으로 달려가는 존재의 시간이다. 하고 싶은 일보다 해야만 하는 일에 얽매이는 게 우리네 삶이지만, 사랑은 결코 믿음 위에 세워진 영혼을 포기하지 않는다. 그의 다락방에는 이제 아내의 나체화가 뭉크의 그림 대신 걸려 있을 것이다.

바보네 가게

　살던 동네 초입에 작은 구멍가게가 있었다. 편의점도 없고 상권 경쟁도 심하지 않던 시절이었지만 워낙 후미진 골목인 탓에 장사가 그만저만한 곳이었다. 주인이 이태 남짓마다 바뀌는 거로 봐서는 아무래도 돈벌이가 시원치 않았던 모양이었다. 그때마다 가게의 분위기와 손님 응대 방법도 서로 달랐다.

　대체로 주인들이 상냥하고 친절한 편이었지만 때로는 무뚝뚝하거나 무성의한 사람도 있었고, 자기 가게이면서도 일 자체에 불평과 짜증을 담아 손님에게 그대로 드러내는 사람도 있었다. 끝전을 빼주거나 덤을 챙겨주는 인심 좋은 사람이 있는 반면, 매정할 정도로 잇속이나 실속을 챙기는 모습이 눈에 뻔히 보이는 단작스런 사람도 있었다.

어느 날도 갑자기 주인이 바뀌었다. 중년의 부부였는데, 장사꾼인 가 할 정도로 첫인상에 미욱한 구석이 많은 사람들이었다. 모름지기 장사라면 상술과 수완이 눈에 보여야 할 텐데 수단도 경험도 없는 숫보기 같았다. 손님이 들어와도 엉거주춤 인사에 감칠맛이 없고, 물건값 하나도 들쑥날쑥 제대로 외우지도 못했다. 물건을 담아주는 손놀림도 복장 터질 만큼 느리고, 셈을 하는데도 엇그저께 더하기 빼기 배운 사람처럼 답답하기 이를 데 없었다. 성질 급한 손님들이 아예 물건값을 대신 계산 해주면 '히~' 웃으며 그대로 돈을 받고, 달라는 대로 '흐~' 하고 거리낌 없이 잔돈을 내어주는 것을 보면 저러다 몇 달 못 가서 망하고 말지 싶었다. 사람들은 순해서 좋은 것 같은데 아무래도 어수룩하고 우둔해서 장사할 깜냥은 아니라고 혼자 단정 지었다.

이상한 일이었다. 그런 불편과 못마땅함이 있는데도 기분이 나빠지는 것은 아니었다. 다른 곳에서 편히 살 수 있는 물건도 수고를 마다치 않고 그 가게를 찾아가게 되는 것도 뜻밖이었다. 그 가게는 분명 무언가 다른 분위기가 있었다. 호사스러운 인사는 아니었지만 반가운 사람을 만난 듯 친밀한 표정이 있었고, 좁은 공간에서도 물건들을 반듯하고 가지런하게 정리해두는 정성이 있었다. 어린 자식들이 부모에게서 세뱃돈 받듯 공손하게 돈을 받았고, 잔돈을 거슬러줄 때는 꼭 깨끗한 지폐나 반짝이는 동전만을 골라 내주는 것도 인상적이었다. 실수나 착오라도 있으면 요령 있게 변명하면 될 텐데 안절

부절못하며 죄송하다는 말부터 먼저 하는 솔직함과 단순함이 있었다. 잔꾀와 기교는 없었지만, 성의와 인정은 많았다. 남들처럼 세련된 표정이나 말과 행동은 부족했지만 따뜻한 마음씨와 진심과 부지런함은 충분했다.

그들에게선 사람 냄새가 났다. 그는 길을 가다가도 힘들거나 어려운 처지의 사람을 보면 허투루 지나갈 것 같지가 않았다. 그의 집을 방문하면 그동안 아껴두었던 음식이나 술안주를 꺼내오고, 하룻밤 자고 가기를 고집하며 군불 땐 방에 하얀 홑청을 낀 솜이불을 깔아 곡진하게 대접할 것만 같다. 험하고 궂은일로 연락을 하면 맨 먼저 달려와 자기 일처럼 도와줄 것만 같다. 주위에 아쉬운 소리, 볼멘소리도 할 줄 몰라서 누구에게도 상처나 부담을 줄 것 같지도 않다. 한 개라도 더 가져도 모자라는 욕심 많은 세상에 한 개라도 덜 가져야 도리어 마음이 편해지는 사람일 것만 같다. 있어도 눈에 띄지는 않지만 없으면 무언가 허전한 그런 사람들이었다.

훈련된 친절에는 진정성이 없다. 반쯤 꺾인 허리 인사에도 무례와 무시가 있고, 가벼운 고개 인사에도 경외와 호의가 있는 법이다. 겉으로는 모를 것 같아도 그 숨겨진 마음의 태도는 누구나 알고 있다. 친절은 지식과 기술이 아니라 호의적이고 성의 있는 마음가짐에서 출발한다. 물어보면 대답하리라, 어떻게 할 줄 몰라 두리번거리는 사람에게 멀거니 쳐다만 보고 기다리는 것은 직무 한도 내의 친절일 뿐이다. 대가가 있어야 베풀리라, 숨어 있는 도움은 외면하고 남들

보는 앞에서만 알은체하는 것은 자기과시용 친절일 뿐이다. 상처를 주고 약을 발라주는 계획된 친절보다, 처음부터 상처를 주지 않으려 노력하는 배려심이 진정한 사랑이 아닐까 한다.

어느 날 그 가게에, 대여섯 살 먹은 아이를 데리고 한 아주머니가 찾아왔다. 남의 집 도우미 일을 하느라 매일 집을 비운다는 그 아주머니는 혼자 있는 아들에게서 심심찮게 빈 과자봉지가 나뒹구는 것을 보고 추궁을 했다고 한다. 놀란 아이가 울면서 이 가게에서 매번 훔쳤다고 부모 가슴에 못을 박는 고백을 했다. 당연히 용서도 구하고 보상도 해야겠기에 얼마간의 돈을 가져왔노라고 사죄를 했다.

그런데 모르는 척, 주인 내외는 고개를 가로질렀다. 내 자식 보듯 꼬마가 귀엽고 사랑스러워 손에 쥐어주었을 뿐이지 이 아이가 훔친 것이 아니라고 극구 손사래를 했다. 또 한 번 가슴이 아려왔지만, 이번엔 봄 햇볕처럼 따뜻한 것이었다. 아이의 어머니는 고맙다는 말로 몇 번이고 사죄를 한 뒤 과자를 한 아름 안고는 밝은 얼굴이 되어 돌아섰다. 엄마의 손을 잡고 가던 아이가 고개를 힐끔 돌려 눈을 똥그랗게 뜨고 가게 아주머니를 빤히 바라보았다.

세상에 바보는 없다. 어리석고 요령 없어 보이지만 살아가는 방법과 방향이 다를 뿐이다. 누구나 자신을 현명하고 지혜로운 사람으로 여기지만 실상은 보이지 않는 실수와 실패를 수없이 반복하며 살아간다. 복잡다단하고 변화무쌍한 세상에 제아무리 실리와 처세로 무장한다고 해서 삶 전체가 완벽하거나 완전해지는 것은 아니다. 선하

고 순하게 사는 마음은 바보가 아니라 불확실한 미래를 살아가는데 가장 확실한 능력이고 밑천인지도 모른나.

그 가게는 날로 손님들이 많아지고 해마다 규모가 커졌지만 주인 내외의 성의와 호의는 여전했다. 다만 전자계산기 사용이 조금 능숙해졌을 뿐이다. 약삭빠른 세상을 볼 때마다 가끔 그들이 생각난다. 그곳은 바보네 가게가 아니었다.

반딧불이의 독백

난 반딧불이야. 시골에서는 개똥벌레라고도 부르지. 딱정벌레목에 속하고, 날렵하고 단정한 몸매를 가졌지. 앵두색 앞가슴등판과 암갈색 얼룩무늬를 가진 예쁜 곤충이지. 몸길이는 엄지손톱 정도로 작지만, 몸에서 자체 발광을 하는 특이성 때문에 예사롭지 않은 지표생물이야.

꽁무니에 노란색이나 황록색의 등불을 달고 한여름 밤하늘을 별빛이 흔들리듯 날아다니는 그 모습을 신통방통하게 여기지. 큼지막한 호박꽃에 대여섯 마리 넣어서 호롱불을 만들면 그 등황빛이 너무나 아름다워 천상의 빛처럼 보이기도 하지. 남방南方에서는 우리를 죽은 사람의 영혼이라고도 부를 정도야.

도깨비불이라고 아이들이 무서워하기도 하지만 때로는 수난을 당

하기도 했지. 어둑한 저녁에 짓궂은 동네 개구쟁이들이 우리를 잡아 이마에 희번들하게 문지르고는 '흐' 하고 담장 뒤에서 갑자기 고개를 내밀면, '흑'하며 동네 처녀 털썩 엉덩방아를 찧고 했으니까. 내 몸은 찢어지고 아팠지만 덩달아 재미는 있었어.

형설지공이라는 말을 알 거야. 고생하면서도 부지런하고 꾸준하게 공부하는 자세를 이르는 말이지. 진나라 차윤이 반딧불이를 모아 그 불빛으로 글을 읽고, 손강이 겨울밤에는 눈빛에 글을 읽었다는 고사에서 유래했지. 호기심 많은 어린 시절에 한 번쯤 따라 해본 경험이 있을 거야. 빈 병이나 그물망 같은 데다 우리를 한 주먹 잡아넣고 책에 글자를 비춰보느라 밤새 기진맥진하게 했지. 그 추억 속에 친구들, 이제 어른이 되어 곳곳에서 세상의 밝은 빛이 되어 살고 있으리라 믿어.

우리가 빛을 내는 이유는 모두 알고 있을 거야. 민망하지만, 짝을 찾기 위해서지. 자연계의 원칙, 번식을 동반하지 않는 생명은 그 존재성도 무의미해지는 것이니까. 우리 수명은 보름 정도밖에 안 돼. 매미가 짝을 찾기 위해 밤낮으로 울어대듯이, 우리는 소리 대신 불빛을 반짝거려 교신하지.

날아다니는 것들은 모두 수놈들이야. 암놈들은 날개가 퇴화하여 날지를 못하거든. 풀숲에 숨어서 '나 여기 있소.' 하고 신호를 보내면, 화답하듯 수놈도 경광등처럼 급하게 빛을 번쩍대며 달려드는 것이지. 사랑하는 연인들이 산책하는 주변에 우리가 발레 하듯 안단테

로 너울대며 날아다닌다면 더욱 고혹적일 거라는 생각이야. 멀리서 바라보던 그 여자도, 어쩌면 그 그리움 때문에 반딧불이를 좋아하는지도 몰라.

유미주의자도, 유유자적한 방랑객도 아냐. 그렇다고 개미처럼 일하고 벌처럼 조직적이지도 않아. 굳이 무리를 지으려 애쓰지도 않고 지휘계통과 상하계층에 구속당하고 싶지도 않아. 마음이 움직이는 대로, 가슴이 시키는 대로 산다고나 할까. 태생이 여리고 순해서 한없이 순수와 평화를 사랑하지. 숫눈길에 첫발을 내딛는 순간처럼, 그리움에 목마른 편지를 떨리는 손으로 개봉하는 감동처럼 순결함을 간직한 낭만주의자 정도로 해두지.

우리는 죽을 때까지 이슬만 먹고 살아. 유충일 때는 연못 같은 풀숲에서 다슬기나 달팽이 등을 먹고 살았지. 지방을 몸에 그득 쌓은 덕분에 성충이 되면 자연스레 입이 퇴화해버려서 살아있는 동안 아무것도 먹지 않는 것이지. '아름다운 퇴장'이라는 말이 어울리도록 처음부터 창조된 셈이지. 비울 때는 비울 줄을 알고, 버릴 때는 버릴 줄을 알아야겠지. 온 힘을 다해 노력하고 성취하였으면 욕심과 이기심의 덩어리들도 때로는 퇴화해버리면 좋으련만, 온유하고 초연하게 이슬만 먹고 산다는 게 인간들에게는 쉬운 일이 아닌 것 같아.

난, 멸종위기종이야. 오염된 자연환경과 소음 때문이지. 사람들은 너무 자기중심적인 것 같아. 자신의 행복과 즐거움을 위해 타인의 불행과 불편함에는 무관심한 편인 것 같아. 자연 그대로를 존중하고

이해하려 들지 않고 자기 놀이와 재미의 방편으로 이용하고 지배하려고만 들어. 이기적이고 교만하기 때문이지. 모든 생명은 존중받아야 하고, 자신의 희망과 의지대로 살아갈 권리가 있다고 생각해.

어쩌면 우리는 사람이 싫어서 피했는지도 몰라. 사람이란 자체가 곧 오염이기 때문이지. 오직 돈밖에 모르는 병든 사회인 것 같아. 돈이 힘이고 권세가 될지는 모르지만, 결코 인격의 척도거나 삶의 덕목이 될 수는 없을 텐데 말이야. 승리욕과 경쟁심이 지나쳐 적대감에 길들여 있어. 자연계처럼 모두가 살아남고 번식하기 위해 공존을 모색하거나, 서로가 다르다는 것을 인정하고 교감과 소통이 먼저 이루어져야 할 것 같아.

사람이 없는 곳이라면 우리는 아직도 얼마든지 있어. 내가 사는 곳도 지리산 맑은 계류 주변이야. 주변에는 사마귀나 개구리도 많아. 우리에겐 무서운 천적들이지만 세상을 원망하거나 자신을 불평하지는 않아. 어쩌면 그게 공평한 우주의 섭리일 테니까. 약육강식의 논리라기보다는 각자 주어진 생에 충실하고 순종한다는 뜻이겠지. 아무리 작은 삶도 다른 삶의 수단이 될 수 없으며 그 자체로 최선의 아름다움이라고 생각해.

우리는 힘이 강해지거나 침이나 맹독 같은 무기를 원하지 않아. 영역 다툼하느라 서로의 날개를 부러뜨리고 싶지도 않고, 경쟁하느라 거미줄처럼 남을 옭아맬 흉계도 없어. 삶의 방식과 태도가 다른 만큼, 빛이 가진 품성 그대로 밝고 환하게 밤하늘에 살다가 다시 자

연으로 돌아가면 좋겠어.

　사실은 우리도 사람이 그리워. 청정지역에 사는 우리처럼 순하고 선하게, 원칙과 규칙을 지키며 살아가는 정직한 사람들 말이야. 빛은 소리를 내지 않는 법이지. 순수는 요란한 것이 아니니까. 언젠가는 다시 그들의 순후한 눈망울 앞에서 아름다운 빛을 맘껏 발하고 싶어.

3부

연필로 사랑을 쓰다

밥상

예고 없는 이별

고향, 풍경으로 읽다

요양원 가는 길

삐비꽃이 피었네!

늦은 오후의 사랑

외딴섬

벌초하는 날

등받이

밥 상

눈발이 벚꽃처럼 날리던 겨울밤이었다. 군불 땐 구들장은 뜨끈하지만 희미한 알전등 불빛은 어둠 앞에 가난했다. 횃대에는 무릎 나온 조무래기 바지들이 시래기마냥 걸려 있고 어머니는 식구들 구멍 난 양말이나 옷들을 기우고 있었다. 솜이불 아래 동생들은 깊은 잠에 새근거리고 온 방 안을 등밀이로 휘젓고 다니는 막내의 잠버릇은 늦은 밤까지 멈출 줄을 모른다.

벽 가까이 밥상 하나가 놓여 있다. 각진 곳마다 주칠이 벗겨진 소반에 수저와 반찬이 정갈하게 차려지고 모란 꽃수 상보로 곱게 덮어두었다. 문풍지가 떨릴 때마다 아랫목에 앙구어놓은 밥주발에 자꾸 눈길이 간다. 일터에서 밤늦게야 귀가한 아버지는 고흐의 자화상처럼 목도리를 위아래로 휘감은 채 하얀 눈을 어깨에 두르고 있었다.

시간 밖의 시간으로
•
107

천장을 가득 채운 아버지의 넓은 등 그림자는 막 데워낸 된장찌개만큼 정답고 푸근하였다.

구수한 밥 냄새에 잠자던 위가 동하였나 보다. 어느새 눈 비비고 일어난 막내가 눈치 없이 밥상머리에 달라붙는다. 황급히 떼어놓지만, 빤히 목구멍만 쳐다보고 꼴깍거리는 자식에게 결국 숟가락을 넘기며 아버지는 대궁밥을 남긴다. 바깥에서 안줏거리를 많이 먹었다며 짐짓 배부른 듯 숭늉으로 입가심을 하신다. 이게 웬 횡재냐 싶게 입맛을 다시는 동생이 얄미웠던 건지, 배곯는 아버지가 속상해서인지 그런 밤에는 잠을 뒤척이곤 했다.

그때의 밥상은 대단한 권위와 위세가 있었다. 누구 하나 끼니를 거르는 경우는 없어서, 강요나 협박이 없어도 온 식구를 한자리에 불러 모으게 한다. 정情은 밥상에서 나온다. 자식 입에 밥 들어가는 것이 마른논에 물들어가는 것처럼 기분 좋은 일이지만 형제 많은 집안의 밥상은 언제나 모자라게 마련이다. 밥투정이나 편식은커녕 조금이라도 더 먹으려 걸신스럽기 이를 데 없다. 나름대로 요령은 있다. 볼이 미어지게 숟가락질에 부지런하거나 맛난 반찬을 남보다 빨리 내 밥그릇 위에 옮겨다 놓는 것.

결국은 탈이 났나 보다. 모처럼 고등어 조림이 상 위에 올랐는가 했더니 그만 잔가시 하나가 목에 걸렸다. 동생은 놀라 컥컥거리고 다급한 어머니는 등짝을 탕탕 두들기며 위아래로 훑어 내린다. 효과가 신통찮은지 이젠 김치를 통째로 찢어 억지로 목구멍으로 떠넘기

면 덩달아 동생 눈시울도 시뻘겋게 변해간다. 모두가 걱정 반, 웃음 반이다. 그렇게 밥상 앞에 온 식구가 모여앉아 오늘의 이야기와 안녕이 만들어지고 하루의 시작과 끝이 갈무리된다. 대처로 나간 식구 하나의 빈자리가 겨울날 추녀 끝에 매달린 미루나무 그림자처럼 허전하기만 하다.

사업 때문에 가족과 멀리 떨어져 혼자 지낸 적이 있었다. 아내의 정성스러운 손길이 아쉽지 않은 곳이 없었지만, 무엇보다 밥상 앞에서 그 정도가 심했다. 강다짐이나 매나니 밥상이어서가 아니었다. 아무리 배부르게 먹어도, 아무리 귀하고 맛난 음식을 바깥에서 사 먹어도 공복감은 여전했다. 양념 하나가 빠뜨려진 것 같은, 기억 속의 손맛 같은 무언가를 기대했다가 공허하게 돌아오는 상실감 같은 거였다. 숟가락이 하나여서 외롭고, 혼자여서 무거웠던 모양이다. 음식의 배고픔보다 온 식구들이 함께하는 밥상에 대한 허기였다.

"아! 배고파!" 그 한마디에 도마에 칼질 소리 요란하고 찌개 보글거리는 냄새가 풍겨오는 그 정겨운 시간에 대한 그리움, 식당에서처럼 손님 중의 한 명으로서가 아닌 나만을 위해 정성으로 차려낸 밥상을 받고 싶었다. 문 여는 시간도 문 닫는 시간도 없는 밥상, 늦은 밤에 귀가해도 무조건 부엌부터 달려가는 그 사랑받는 느낌이 절실했었다.

일상에서 익명으로 함몰되어가는 나, 아무도 알아주지 않고 존재감은 사라져가는 현실 속에서 알게 모르게 무기력해지고 자신감을

잃게 될 때가 많았다. 각다분하고 경쟁적인 삶일수록 상처와 좌절을 받기도 쉬운 것이 현실이다. 기운 빠진 어깻죽지에 격려와 위로의 날개가 필요할 때 가장 큰 등받이가 되어준 것은 식구와 함께하는 따뜻한 밥상이었다. 누군가를 위하여 기다리고 염려하며 차려낸 그 밥상에서 무관심의 결핍은 해소되고 마음에 안정과 평안을 얻을 수 있었다. 가족에게서 받는 존중과 인정받는 느낌보다 더 힘이 나고 든든한 것은 세상에 없었다.

궁정 같은 식탁과 번쩍이는 촛대나 화려한 그릇들을 꿈꾸지는 않았다. 코앞에 서로의 얼굴을 바라보고 눈을 맞추고 살냄새 맡으며 둘러앉은 두리반 하나면 족하다. 식구들 한 팔 안에 된장 뚝배기 하나 놓여 있으면 천하 별미이다. 내 앞으로 고기반찬 밀어 놓아주고 내 밥숟갈에 갈치 살 발라 올려놓아 줄 수 있는 밥상은 가족밖에 없다. 맛있게 먹는 식구들 보기만 해도 배부른 사랑이 있고, 삼시 세끼 불 지피는 일이 귀찮아도 식은 밥 먹일 수 없는 정성이 먼저인 곳이다. 밥상과 가족은 같은 의미의 다른 표현이 아닐까. 밥상은 밥을 먹기 위한 기능적인 식탁이 아니라 같은 시공간 안에서, 같은 형질의 신뢰와 애정을 융합하는 매개체이다.

겨울바람에 행인들의 옷깃이 움츠러든다. 이 차가운 계절에 홀로 먹는 밥상이 또 얼마나 많을까 싶다. 사별이거나, 기러기 부부이거나, 독신자이거나, 피치 못할 노숙자이거나, 돈 벌러 가서 어느 외진 숙소에서거나……. 육지로 쪽배 하나 연결하지 못하고 멀리 떨어

진 외딴섬에 홀로 남겨진 고립과 소외감 같은 것은 혹시 아닐까. '애정 없는 상차림이 독이 된다.'라는 말처럼 혼자만을 위한 밥상에 결코 건강이나 행복감을 기대할 수는 없겠다. 마음의 고향이자 안식처, 식구들과 둘러앉은 밥상이 살아가는 날들의 생명이고 기쁨이었던 그 순간들이 아쉽기만 할 것이다.

오늘도 식탁에 빈자리가 있다. 어떤 때는 아들이거나 딸이거나, 또 때로는 내가 당사자가 되기도 한다. 서로의 생활 방식이 다르고 사회가 바빠지고 인스턴트식품의 편의성이 늘어남에 따라 부모 형제간은 고사하고 자기 식구들도 한자리에서 밥 먹기가 쉽지 않은 세상이 되었다. 모두가 노마드가 되어 뿔뿔이 흩어져버려 가족은 존재하지만, 식구는 없어진 것만 같다. 오늘은 무엇을 위해 살았는지, 또 어디로 가고 있는지 서로가 제대로 보지 못하고 쉽게 알려고도 하지 않는다. 하루의 감사 기도도 없고 한 끼 밥의 고마움도 없다. 배는 늘 고팠지만, 우애와 화목이 넘쳐났던 어린 시절의 정서적 포만감은 이제 어디에서 찾을 수 있을까.

갓난아기 때 나의 밥상은 어머니 젖가슴이 아니었을까. 옴죽옴죽 빨아대던 흐벅진 젖무덤, 손안에 잡히지도 않는 그 밥상은 우주보다 크고 봄볕보다 따뜻했다. 홀로된 어머니의 외로운 밥상이 눈앞에 어른거린다. 반찬 한두 개 소반에 올려놓고 맹물에 그리움을 말아 잡숫고 계실 것이다. 이번 주말에 밥 먹으러 가겠다고 미리 전화해야겠다. 현관문을 열자마자 된장찌개 냄새 그득할 것이다.

시간 밖의 시간으로

예고 없는 이별

　한여름 마른하늘에 제비들이 갑자기 땅바닥으로 낮게 날기 시작하면 곧이어 소낙비가 쏟아질 것을 예고한다. 빨래도 걷고 장독 뚜껑도 닫으며 비설거지를 해야 한다. 정원에 멀쩡하던 소나무가 청청하던 빛깔을 잃고 솔방울만 촘촘히 맺고 있으면 더 이상 생존이 힘들어 최후의 번식을 준비하고 있다는 징후이다. 그 이유와 까닭을 서둘러 확인해야 한다.

　갑자기 건강이 나빠졌다거나, 갑자기 담장이 무너졌다면서 불가항력처럼 이야기들 하지만 알고 보면 사전에 낌새와 귀띔이 분명 있었다. 평소보다 혈압이 높아지거나, 눈에 띄지 않게 조금씩 벽에 금이 가거나 하는 조짐 말이다. 그 경고를 미리 알아차리지 못했기 때문에 갑자기 발생한 일로 착각하는 것일 뿐이다. 좋은 일이든 나쁜

일이든, 예고 없는 결과는 세상에 없다.

아버지가 그랬다. 그 겨울엔 기침이 부척 심했다. 입을 열기만 하면 끊이지 않는 헛기침과 쇳가루 달라붙은 듯한 숨소리가 힘들어 정상적인 대화를 나누지 못할 정도였다. 처음에는 겨울 감기려니 대수롭잖게 여기고 약을 지어 먹었지만, 효과가 신통치 않았다. 제대로 진찰이나 받아봐야겠다며 평소처럼 외출복 차림으로 병원에 들르신 게 다시는 집으로 돌아오지 못하는 마지막 나들이가 되고 말았다.

폐섬유화병. 폐가 굳어서 더는 숨을 쉴 수가 없다는 진단 결과였다. 이러다간 앞으로 정상적인 호흡이 불가능하다는 주의적 경고가 아니라, 이 지경이 되도록 지금까지 아무것도 몰랐느냐는 선고형 질책이었다. 정신과 오장육부가 멀쩡한데 사람이 되어서 숨을 쉬지 말라니, 낮도적을 만난 것처럼 순간 얼마나 기가 막히고 눈앞이 황망하셨을까. 한 달가량을 산소 호흡기에 의지해 무상한 삶의 종말을 의심하고 여투다가 그 길로 하늘나라로 떠나셨다.

평소에도 기침이 잦고 목소리가 노쇠했었다. 언덕길을 조금만 올라도 숨이 새근발딱거리고 눈물 같은 땀이 온몸을 타고 흘렀다. 등산은커녕 동네 공원 발걸음도 쉽게 피곤해짐을 이유로 별반 내키지 않아 하셨다. 몇 해 전부터 건강에 이상이 있다는 신호가 충분히 있었음에도 연로한 나이 탓으로, 쇠약해진 기력 탓으로만 애써 외면하고 말았다. 우둔하고 주의력 없는 자식들은 아버지가 갑자기 아프고, 갑자기 돌아가셨다고 주위에 변명하기 바빴다.

시간 밖의 시간으로

113

바보 아버지라고 항변했다. 아픈 시늉이나 엄살도 부릴 줄 모르고, 아파도 식구들 걱정이 염려스러워 겉으로 내색 한번 할 줄 모른다고 뒤늦게 호들갑이었다. 불치의 병이라 할지라도 남들처럼 몇 년간의 시한을 주었더라면 못다 한 호강이나 맛난 음식점, 경치 좋은 곳에 구경도 하면서 서둘러 효도를 하지 않았겠냐고 되레 신경질들 부렸다. 치매나 오랜 병고로 자식들 고생도 시키면서 효심의 정도와 진위도 시험해 보았어야 마땅하지 않냐고 다투어 엉너리 치는 소리나 나달댔다. 미처 하지 못한 효도에 대한 풍수지탄이고, 일종의 죄의식이었다.

노후를 산수 좋은 시골에서 지내기를 권했지만 힘닿는 데까지 일하면서 살겠다고 무소뿔처럼 고집을 피우시더니 결국 망자의 몸이 되어 고향 산천으로 귀향하셨다. 별다른 취미나 놀이에도 관심이 없어서 세상 아버지들처럼 가족을 위해 희생하고 근면하는 것을 유일한 낙으로 삼았다. 자식이 뭔지, 젊어서는 조금이라도 잘해주려 애면글면하고 늙어서는 조금이라도 짐이 되지 않으려 노심초사했다.

맘 편히 휴가를 즐긴 적도 없어서, 주위의 독려와 응원이 있고서야 처음으로 어릴 적 고향 친구들과 어울려 해외여행을 떠나기로 한 봄날의 약속, 그 정겨운 추억의 진달래가 채 피기도 전에 혼자서 하늘 여행을 떠났다. 그저 바쁘고 강하게 사는 것만이 옳고 잘하는 일인 줄만 알았던 이승의 시간들, 병상에 누워 스스로 몸을 일으키지도 못하는 처지가 되고서야 세상 앞에 무기력하고 허탈한 표정이 얼

마나 또 아버지의 그 가난한 삶을 안쓰럽게 만들었는지…….

어린 꼬마가 하늘에 연을 띄웠나. 해동의 얼음장을 깨고 봄바람 싱그러운 날, 창호지와 밥풀과 대나무 살을 앞마당에 펼쳐놓고 아버지가 솜씨 좋게 연을 만들어 주셨다. 연 꼬리를 길게 두 개씩이나 달고서도 좀처럼 하늘 자리를 잡지 못하고 불안하게 요동을 칠 때마다 아버지가 곁에서 연줄을 대신 붙들어 세상 한가운데 안전하게 날 수 있도록 이끌어주었다. 소맷자락을 걷어 올린 아버지의 팔뚝은 검붉은 핏줄이 불끈거리는, 영화 속의 삼손처럼 어린 눈에 웅대한 모습 그대로였다. 느티나무 같은 믿음, 태산 같은 존재감은 그 탄탄한 팔뚝에서 나오는 힘일 것이라고 생각했다. 그 무쇠 같은 삶의 연줄을 이제 허공 속에 힘없이 놓아버린 것이다. 여기저기 수많은 주삿바늘 자국으로 시퍼렇게 멍든 아버지의 팔뚝은 그렇게 삭정이마냥 야위어져 힘겨운 호흡 소리에도 가늘게 흔들리고 있었다.

생명은 예측의 대상이 아닌 모양이다. 평균수명이 늘어난다고, 평소에 건강하다고 해서 모두가 장수를 보장받은 것은 아니다. 황당무계한 사고나 한 치 앞도 내다보지 못하는 천재지변은 또 얼마나 많은가. 멀쩡한 하늘에 소낙비 오듯, 청정하던 나무가 하루아침에 푸른빛을 잃듯 세상의 일들은 언제 어디서 무슨 일로 예고 없이 다가올지 아무도 모른다.

'세월은 나를 기다리거나, 나 때문에 멈추지 않는다(歲月不待人, 歲月不我延.)'라고 한다. 효도에 때와 장소가 따로 있을 수 없다. 효도하는

자식은 거리가 가깝게 산다고, 시간이나 재산에 여유가 있어서 하는 게 아닐 것이다. 마음이 가까워져야겠다. 훗날 내가 출세하고 성공해서 호의호식해 드리는 것이 아니라, 몸과 마음이 먼저 부자가 되어 평소에 손과 발과 가슴으로 하는 효도가 최선이고 최적이 아닐까 한다.

아버지의 아들로 살아서 자랑스러웠다고, 임종을 앞두고서야 처음이자 마지막으로 건넨 그 불효가 참으로 후회스럽다. 예고 없는 이별은 평생을 두고 가슴에 담아야 할 아픈 상처를 남겼다.

고향, 풍경으로 읽다

변했다. 그리고 사라졌다. 재 너머 옹기 가마터도, 학교 다니던 뒷골목도 감쪽같이 없어졌다. 큰길가 얼음과자 팔던 아주머니도, 부모 몰래 들락거리던 만화방도 더 이상 존재하지 않는다. 더듬어 찾아낸 흔적마저 옛것이 아니었다. 시장터 작은 국밥집은 황소 뱃구레만큼 커지고, 하늘지붕처럼 너울졌던 동네 느티나무는 현시적으로 너무 작아져 있었다. 산허리나 언덕을 무너뜨려 무분별하게 들어선 콘크리트 구조물이나 공장들, 시골답지 않게 높이 올라간 아파트단지, 오랜 역사나 자연환경과 부조화를 이루는 인공 조경들. 잘살고 더 편리해졌는지는 모르지만, 겉모습은 분명 기대 속의 그것이 아니었다. 오랜 이민 생활 후에 돌아와서 본 고향의 첫인상이었다.

어릴 적 고향은 감꽃 같은 시골이었다. 덩두렷한 산과 여울져 흐

르는 강, 금빛 노을과 들꽃 향기가 세상의 이쪽과 저쪽 끝에 걸려 있었다. 마을은 사람들의 눈과 소리로 만들어져서 그들만큼이나 순후하고 여유로운 정조를 가졌었다. 문명은 없어도 정감이 있었고 닫혀 있는 것보다 열려 있는 것이 더 많았다. 뭔가 삭제되고 놓쳐버린 것 같은 아쉬움에 조급함이 앞선다.

들길을 걷는다. 기억 속의 고향은 멀어졌지만 옛날 듣던 바람 소리, 어렸을 때 맡았던 소 콧김 섞인 흙냄새는 다행히 아직 그대로다. 일말의 안도감이 든다. 선량하고 명징한 유록빛 향기가 향수에 목마르던 전두엽을 감싸고 돈다. 고향이나 첫사랑의 장소는 개인적인 '우주의 성지'가 된다고 한다. 공간은 변해도 그 공간이며, 시간은 변해도 그 시간이다. 거기엔 나만이 아는 배경과 소리와 촉감과 냄새들이 숨어 있기 때문이다.

한곳에 오래 있어 그 장소가 되어버린 사람들이 있다. 텃밭을 자식새끼처럼 끌어안고 호미질하고 있는 늙은 아낙, 제비처럼 말하는 귀에 익은 사투리, 낡은 미닫이문 열고 들어서면 얼큰한 국밥 내오는 주름진 할머니, 뿌얀 DDT 가스를 뿜어대는 소독차와 왁자지껄 쫓아가는 아이들. 그때나 지금이나 화석처럼 그 장소의 일부가 되어버린 존재들이다. 말이 없어도 과거와 소통하고 교감을 이어주는 매개체이다. 변하지 않는 이러한 느낌들이 그리움을 목마 타고 고향은 처음 그대로 부활한다.

다행히 오일장은 아직도 남아 있다. 예전처럼 왁자지껄한 잔치며

놀라움은 없지만, 그 정겨운 단어 하나만으로도 낯익은 소리와 냄새들이 공기 속에 떠돌기 시작한다. 장도막에 잡은 다슬기를 발아래 품고 있는 할머니, 고무대야에 고개 내밀고 세상 구경에 여념 없는 복스러운 강아지, 신발가게 구석진 곳을 뒤지다 보면 설빔으로 샀던 까만 베신을 오래된 유물처럼 찾아낼 것만 같다. 어머니 손 잡고 오일장을 구경하고 나서 얻어먹는 국수 한 그릇은 복권 당첨된 것처럼 황홀했던 순간이었다. 망설임 없이 길목 노점에 그 시절처럼 주저앉는다. 멸칫국물에 참깨와 참기름 동동 떠다니는 하얀 국수 한 그릇이 오랜 세월을 가로질러 내 앞에 놓인다. 고향은 곧 맛으로 증명된다. 어쩌면 그 맛을 알고, 그 맛을 옹호하고 각인하기 위해 뒷골목 허름한 옛집을 찾는지도 모른다.

동네 사진관이 그 이름 그대로다. 갈래머리 소녀, 옛날에는 그 사진관 진열장에 그 여자애의 사진이 걸려 있었다. 삼 년을 짝꿍 하다 훌쩍 서울로 전학 가버린 열두 살 계집애. 보고 싶을 때마다 그 사진관 진열장을 기웃거리던 시골 머슴애를 지금쯤 기억이나 할까. 그녀는 아직도 그곳에 있을까. 누구에게나 아름답고 소중한 것 한두 가지는 마음속에 간직하고 산다. 그것은 내가 겪은 최초의 고독이었고 부재가 주는 외로움이었다.

동네 어귀 정자나무를 들어서면 어린 시절이 한눈에 보인다. 매미 울어대는 신작로, 논두렁 줄지어 걷는 아이들과 소 떼들, 우물터 아낙들의 새하얀 웃음소리. 거기엔 꼭 외할머니가 있어야 할 것 같다.

시간 밖의 시간으로

나를 업고 발맘발맘 동구 밖 마실 가며 옛이야기 들려주던, 따개비처럼 등짝에 달라붙은 손자가 맷돌처럼 무거웠을 것이다.

소나기라도 갑자기 쏟아지면 마른 흙냄새가 비꽃으로 번져오고 양철 지붕 위로 요란하게 떨어지는 빗물 소리에 가슴이 두근거렸다. 그러다 어느새 비는 그치고 낙숫물로 떨어지는 빗방울 속에 세상 풍경이 나타났다 일그러지면 먼 산 너머 세계에 막연한 궁금증을 갖곤 했다. 등 뒤로 소나무 동산을 두고 콩깍지 같은 초가집들이 옹기종기한 외갓집 마을은 비 내리는 정경이 잘 어울렸다. 새물내와 함께 어디선가 갓 쪄낸 옥수수 냄새가 풍겨온다.

시골 방언으로 '회치'라는 들놀이가 있었다. 농번기를 피해 동네 사람들이 어울려 경치 좋은 공터를 찾아 하루를 신명 나게 놀았다. 곡조와 풍악이 흥을 돋우고 피와 땀과 눈물의 회오리가 저 멀리 연소되어 삶의 응어리를 풀었다. 장구 소리 하나에 사람들이 흰 나비 떼처럼 너울너울 춤추는 것이 신기하기만 했다. 아버지의 엉거주춤한 춤사위도 그때 처음 보았다. 그날 어머니에게 사달이 났다. 이웃들 권유에 못 이겨 두어 잔 들이켠 막걸리 때문에 그만 몸을 가누지 못할 정도로 취하고 말았다. 일 년 중 하루라도 자신만을 위해 자유를 행사하고 싶었던 건지도 모르겠다. 할 수 없이 아버지 등에 업혀 집으로 돌아왔는데 동네 망신이라고 걸핏하면 냉가슴 앓는 덜미가 되고 말았다. 그런 소소한 것들도 세월은 어느새 아름답고 귀한 마음붙이 추억과 내력으로 만들어놓았다.

돌아보면 곳곳에 정든 사람, 정든 사물의 흔적들이 묻어 있다. 내 삶에서 멀어졌다고 여겼던 것들이 가슴속에 오롯이 저장되어 있다는 사실이 놀랍기만 하다. 기억의 씨줄과 날줄 속에 숨어 있던 추억들이 낯익은 풍경이 되어 가슴속에 파고든다. 세상은 변했어도 고향은 여전히 숨 쉬고, 찬란했던 유년은 아직도 나와 함께하고 있다. 순수함이 다소 버거워진 나이, 어쩌면 변하고 사라진 것은 내 자신인지도 모른다.

고향은 태초의 시간처럼 거룩하면서도 어머니 품처럼 아늑하다. 한 번도 나를 배신하지 않은 존재이다. 각다분하고 속된 시간에서 벗어나 다른 세상으로 향하는 출구, 순리에 대한 그리움을 누구나 갖고 산다. 잘 살아왔는지, 잘살고 있는지, 어떻게 살아야 잘 사는 것인지 자신을 되돌아보고 싶을 때는 고향이 먼저 떠오른다. 긴장도 풀고, 삶을 정갈하게 하는 안식처이고 출발점이 된다. 치유와 위안이고, 그래서 힐링이다.

남들 눈에 나도 고향처럼 하나의 풍경이 되었으면 좋겠다. 까칠하지도 않고, 눈살 찌푸리는 일 없이 누구에게나 흉허물이 없는 사이가 되고 싶다. 편안함과 안락함을 주는 그루터기거나 쉬어가기 좋은 길가의 너럭바위여도 괜찮겠다. 땀 흘린 등줄기 훑고 가는 실바람이거나 걸어가는 뒷모습에 내려앉은 부드럽고 고요한 달빛이면 더욱더 좋겠다. 기승전결이 완벽한 그림처럼 아무 곳에서나 잘 어울리고 원래 그 자리에 당연히 있었던 것처럼 자연스러운 모습이 되고

싶다.

추억은 풍경이다. 고향은 시공간을 뛰어넘어 여전히 과거의 풍경으로 겹쳐서 읽힌다. 눈보다 가슴으로 본다. 풍경에 사랑이 있으면 아름다움이다. 마음 한구석이 허전한 날은 추억 속의 풍경 하나로 위로받는다.

요양원 가는 길

도심지를 벗어나 늦가을 들녘을 가로지른다. 분주함 속에 풍요가 거쳐 간 논밭에는 허허로움과 적막으로 가득하다. 그루갈이하려는지 곱게 가다룬 논이랑이 소멸과 생성의 끝없는 순환 고리를 엮어내고 있다. 갈잎 같은 작은 새 떼가 서쪽으로 기울어진 바람을 타고 물결치듯 지나간다. 길섶에 열병처럼 늘어선 풀꽃들이 새삼 알짝지근하다. 세상 밖이어서인지 친숙한 것들이 갑자기 낯설게 느껴진다.

산중 작은 요양원이다. 2층의 단아한 주택에 넓은 정원을 가졌다. 각종 꽃나무가 앞뜰을 이루고 뒤뜰에는 여러 유실수가 실하게 열매를 맺었다. 시득부득 말라가는 꽃잎마다 지난밤 청아하게 빛나던 달빛 냄새가 스며들었다. 바닥에 수북한 낙엽들이 흙으로 되돌아가기 위해 이리저리 몸을 굴리며 오체투지 중이다. 별장처럼 단독주

시간 밖의 시간으로

택으로 사용하던 것을 개조한 모양이다. 원장인 중년 부부와 여덟 할머니가 한 지붕 아래 동무 되어 살아간다. 식구 많은 어느 가정집 같다.

예배 중이었나 보다. 향기 잃은 꽃밭에 날개 접은 나비마냥 오순도순 정물로 모여 앉았다. 소파나 휠체어에 작은 몸 웅크리고 가는귀먹은 얼굴을 갸웃거린다. 마음과는 달리 찬송가는 늘어지고 우물우물하다. 그래도 잘박잘박 발장단과 휘적거리는 손동작으로 기꺼이 흥겨워하는 눈치다. 형형한 기색도, 펄펄한 기운도 사라졌지만 죽음 이후의 삶을 준비하는 과정은 모두에게 절실하다.

우련한 눈빛들이다. 더 이상 변곡점 없는 삶의 여정을 마치 자신만의 속도와 리듬에 따라 움직이듯 담담한 표정이지만 조금은 아쉬운 듯도 한 무엇이 그림자처럼 따라다닌다. 복잡하고 혼탁한 생각에서 벗어나 다음 생의 맑은 영혼을 찾아 나선 순례자들 같다. 청안하게 푸르던 잎 다 떨어뜨리고 앙상한 가지들만 남긴 채 침묵에 들어간 겨울 숲처럼 야위고 굽은 등은 왠지 서늘하고 쓸쓸하다. 보고만 있어도 자꾸 슬퍼진다.

꽃님이니 달님이니 예쁜 방 이름을 붙여놓았다. 머리맡 탁자에 가족 사진첩이 체납된 고지서 같은 그리움으로 쌓여 있다. 방 안은 정돈되고 청결하지만 온기가 보이지 않는다. 살냄새가 없기 때문이 아닐까. 꽃병의 들꽃 향기도 머무는 자의 향취일 뿐이지 먼 길 떠나는 사람에게는 결코 미혹과 위무가 되지 않는 모양이다. 갖고 갈 짐도

없다. 옷장과 침대 그리고 발밑에 보따리 하나뿐이다.

후덕한 인상의 원장 부부가 한마디 귓속말을 선한다. 할머니들 방에서는 밤마다 옷장 여닫는 소리가 들린다고 한다. 만장처럼 흐느적대는 시간으로 보자기 싸매는 손들이 밤새 사르륵거린다. 입고 갈고운 옷 하나 머리맡에 두고 크고 작은 보퉁이 발밑에 쟁여놓는다. 꽃님방 구순 먹은 할머니는 엄마가 내일 데리러 온다고 하고, 달님방 막내 할머니는 고향 뙈기밭에 감자 캐러 간다며 속절없는 밤을 붙잡는다. 산새 소리에 늦은 잠이 깬 할머니들은 서둘러 거울 속의 온전한 제 모습을 보고서야 주섬주섬 보자기를 풀어 제자리로 돌려놓는다고 한다. 익숙한 일상처럼 호접몽 같은 어젯밤이 파적거리가 되어 저녁이면 지는 꽃잎들 활옷처럼 다시 피는 하루가 이어진다.

세상에 존재한다는 것은 시간뿐임을 안다. 되돌릴 수도, 늦출 수도, 멈출 수도 없는 시간이 내게 더 이상 남아 있지 않는다는 것을 조락한 내 몸이 안다. 구태여 시간을 욕심내지 않는 저승길에서 생존에 집착해야 할 이유와 의미는 공허하다. 그래서 무덤덤하다. 더이상 세상에 왈가왈부하지도, 싫은 것을 결코 싫지 않게 넘어가지 못했던 그 완강함도 함부로 드러내지 않는다. 한때의 절망과 결핍들도, 상처투성이 과거들도, 평생 햇빛 한번 제대로 없이 보낸 삶의 남루와 회한도 잘라버린 신경세포처럼 통증을 잃은 지 오래다.

별님방 할머니를 방문한 늙숙한 자식 내외가 있다. 청유형의 완곡어법으로 서로를 위로하는 말들이 날빛 방안을 머쓱하게 떠다닌다.

시간 밖의 시간으로

수다도 눈물도 아닌 그저 허허로운 웃음이나 풀풀 날리며 무료한 오후를 핥아내고 있다. 바쁜 일이 있는지 금방 일어서는 자식의 기름기 없는 목덜미를 보면서 출근처럼 저녁의 기약이 아니라 매번 마지막일 것 같은 아릿한 배웅을 한다. 서로가 맞잡은 미지근한 손의 함의는 무엇을 전하고 있었을까.

요양원이 어떤 곳인지 구경이나 하고 싶다는 어머니와 마지못해 나선 길이었다. 연로하지만 아직은 정정해서 뜻밖의 주문에 순간 가슴이 철렁 내려앉았다. 인연의 끝은 늘 이렇게 허망한 줄은 알지만 먼 훗날의 일이라고 밀쳐두었던 현실이 편도선 부은 목에 침 삼키듯 묵묵한 아픔으로 다가왔다. 아니라고, 그런 생각은 추호도 하시지 말라고 단호하게 못 박지 못했던 그 순간을 내내 자책하고 불편스럽기만 했다.

음식솜씨만큼 입맛도 까다로우셨는데 이젠 그런 투정마저 번거로워할 만큼 기력을 잃었다. 단아하던 몸도 나뭇잎 떠나보낸 우듬지처럼 홀로 앙상하다. 그나마 의지하고 타시락거리며 살던 남편마저 떠나보내고 여린 늑골 사이 녹슨 거푸집에서는 매일 서늘한 바람이 분다. 노구에서 여자가 사라졌지만 늘 꽃으로 남고 싶었던 어머니는 이제 단풍 든 낙엽을 보아도 곱다고 할 줄도 모른다. 당신 자신이 낙엽이니까.

생의 마감을 어떻게 하는 것이 아름다운 모습일까. 자신의 행동과 의지로 생활하다가 천명이 다해 자기 집에서 잠자는 듯 이 세상을

떠나는 것을 누구나 원하는 행복이 아닐까. 하지만 더 이상 자기 몸 하나 시병할 기력이 없거나, 내가 나를 몰라보는 만일의 경우가 생긴다면 어찌해야 할까. 가족의 사랑과 품 안에서 마지막 순간을 보내기를 대다수가 원하지만 실상 현실은 병원이나 요양원에서 지내는 것이 대다수라고 한다.

전문적인 치료나 호스피스의 심리적 도움을 받는 것이 어쩌면 당사자에게 더 평안한 일인지도 모른다. 먹고사느라 아등바등하는 현실을 외면하기도 어렵고, 부모와 자식 간의 젖빛 교감만을 내세운 봉양이 언제까지나 효심의 임계점을 견디어낼지도 염려가 된다. 각자의 입장과 처지가 있는 터에 부모를 요양원에 모시는 것을 불효라고 할 수는 없을 테지만 어려운 상황에서도 직접 수발하고 모시는 자식들도 많은 것을 보면 편리나 효율만이 능사는 아닌 것도 같아 마음이 더욱더 참참해진다.

돌아오는 길에 어머니의 표정 잃은 눈빛이 덜컹거린다. 아무리 시설이 좋고 따뜻한 보살핌이 있다고 해도 가족이 배제된 공간은 시골 간이역처럼 낯선 느낌을 지우기 어려웠을 것이다. 행여 자식들에게 짐이 될까 봐 요양원을 마음에 두었을지 모르지만 돌아올 수 없는 강 건너듯 그 마음은 먹먹하기 이를 데 없을 듯하다. 부모 다음은 또 우리 세대인데 그때쯤 나는 어떤 선택을 하게 될지 불현듯 궁금하다.

서늘한 찬기를 품은 실바람이 차창 너머 허공의 발부리에 넘어져

시간 밖의 시간으로

휘청거린다. 노을에 비친 새털구름이 꽃인 듯 눈물인 듯, 어쩌면 하지 못한 말들을 가슴속에 묻어둔 채 떠나는 여인들의 뒷모습 같다. 요양원 가는 길은 무겁기만 하다.

삐비꽃이 피었네!

초겨울로 들어선 바람이 조락한 우듬지 사이에서 낯선 나그네마냥 두리번거린다. 하늘은 투명하고 양지 능선에 내려앉은 오후의 햇살은 국향처럼 복욱하다. 여름 계곡을 청량하게 넘실대던 산간수는 크고 작은 바위너설과 뭉우리 돌로 제 모습을 드러낸 채 실개천으로 흐른다. 길섶 풀덤불에 씨앗을 여문 검붉은 열매들이 열없이 이울고 있다. 손으로 한 줌 훑어다가 걷는 길에 드문드문 흩뿌려본다. 생명의 잉태와 번식의 꿈에 조력한다는 기분이다. 식구들과 모처럼 아버지 산소에 가는 길이었다.

산모롱이를 돌자 올망졸망한 무덤들이 나타난다. 고조부부터 마지막 입성한 아버지까지, 한집안의 피붙이들이 집성촌이 되어 층계참으로 모여 앉았다. 입체화된 족보처럼 잘 그려진 가계도 같다. 몇

시간 밖의 시간으로

129

해 전만 해도 설피창이 같던 아버지의 봉분도 뗏장들이 어느 정도 자리를 잡았다. 평소 바람대로 저승의 몸이나마 고향 가족의 품으로 돌아왔으니 다행이다. 예고 없는 갑작스러운 이별은 평생을 두고 가슴에 담아야 할 아픈 상처를 남겼다.

어렸을 때는 공동묘지를 보는 것이 무서운 일이었다. 해가 훤한데도 묘지는 어둡고 시커멓게 보였고 여름 더위에도 그곳은 춥고 차갑게만 느껴졌다. 끈적대는 습기가 뒷덜미를 당기거나 뒤엉킨 뿌리들이 땅속에서 발목을 붙잡는 것 같았다. 아마도 죽음이란 상상이 두려웠을 것이다. 정이 들었거나 사랑하던 사람이 떠나고 난 뒤부터 비로소 그런 구애한 기운에서 벗어날 수 있었다.

산소를 둘러본다. 메마른 풀들과 갈라진 흙더미, 놀라 달아나는 벌레들이 낯설다. 저마다의 손들이 호미가 되어 잡초들을 뽑거나 언틀먼틀한 봉분을 다독인다. 폐 질환으로 고생하던 아버지의 밭은기침 소리가 손바닥 너머 전해오는 것 같다. 그때 누군가의 입에서 뜻밖이라는 듯 짧은 탄성이 튀어나왔다. "삐비꽃이 피었네!"

오래된 추억 하나를 끄집어낸 것 같은 반가움이 앞선다. 제절 아래 언덕에 깃털 달린 새처럼 하얀 삐비꽃이 단장하듯 무리를 이루고 있다. 적막한 바람 소리를 품은 순결한 은빛 유혹. 솜털같이 만개한 영화의 계절을 털어내고 녹녹하고 끈기 있는 결실의 증례로 남은, 군살 없는 순례자들 같다. 유독 아버지 산소 앞에 학익진을 펼치며 피어난 삐비꽃이 새삼 신기한 일이다.

어린 시절이었다. 아버지의 사업 실패로 갑자기 동네 외딴집으로 이사를 한 적이 있었다. 살던 집에 비해 그곳은 훨씬 삭고 초라했다. 돌담은 곳곳이 무너지고 가옥은 형편없이 낡았지만, 텅 빈 마당만큼은 무척 넓은 곳이었다. 손볼 곳이 많았는데도 아버지가 처음으로 한 것은 그 빈터에 정원을 가꾸는 일이었다.

봉숭아, 맨드라미부터 수선화, 금낭화, 능소화, 구절초, 원추리 등 온갖 종류의 꽃들로 화단을 일구었다. 감나무, 대추나무 같은 유실수를 비롯해 목련, 벚꽃, 생강나무, 배롱나무 들이 봄부터 흐드러지게 꽃을 피웠다. 펌프질하는 우물가 물길을 이용해 작은 연못도 만들었다. 대문에서 안채로 들어가는 길을 양분하고 대나무 살로 기다란 터널을 만들어 덩굴식물들이 자라고 있었다. 여름엔 수세미와 여주와 박들이 주렁주렁 매달렸고 그 그늘에는 평상 하나가 터줏대감처럼 놓여 있었다. 숙제도 하고, 놀이도 하고, 참외도 먹고, 달콤한 낮잠도 자는 곳이었다.

어릴 적 가족사진의 배경에는 언제나 그 꽃밭이 있다. 한껏 멋을 내고 웃음 짓는 표정이지만 올망졸망한 우리는 따가운 햇볕에 하나같이 잔뜩 찌푸린 얼굴들이다. 아버지는 그 정원에서 늘 우리와 함께했다. 간짓대로 따 내린 새빨간 홍시를 손에 받아 쥐었을 때의 그 달콤함, 쩍쩍 벌어진 석류를 한입에 털어 넣고 신맛에 몸서리치던 그 싱그러움이 흑백사진들 사이에 아른거린다. 그곳은 남들이 보기에는 꽃과 나비와 새들이 노래하는 아름다운 정원이었지만 그 구석

진 곳 어딘가에 슬픔의 자국들이 숨어 있는 것을 이해하게 된 것은 나도 아버지가 되고부터였다.

아버지의 삶은 외로움이 많았다. 아주 어린 나이에 벌써 부모님을 여의었다. 혼자 들판을 쏘다니다 해가 저물어도 마중 나오는 엄마 품이 없었다. 자기 스스로를 책임지기 위해 소학교를 졸업하자마자 고향을 떠나 세상 속으로 뛰어들었지만 온종일 땀 흘려 일해도 저녁 이면 돌아갈 집도, 반겨줄 가족도 없었다.

한 번도 가져보지 못한 그 사랑의 보살핌에 얼마나 목말랐을까. 지치고 힘들 때 달려가 안길 포근한 품이 얼마나 그리웠을까. 몸 하나 기댈 곳이 없는 삶이 얼마나 척박하고 황량했을까. 너무나 그리운 이름이라 살아생전 '어머니'에 대한 이야기 한마디 꺼내지 못하는 것만으로도 때때로 우리를 슬프게 했다. 언젠가는 단란하고 오붓한 가정을 일구리라 마음속에 단단히 꿈꾸었을 것이다. 아마 그 정원은 사랑하는 가족에 대한 정물화이고 서사체였을지도 모른다.

아버지의 정원은 더없이 훈훈하고 든든한 유년의 뜰이었다. 아무런 근심도 걱정도 없이, 궁하거나 더 바랄 것도 없는 평화롭고 행복한 시간이 늘 우리 곁에 맴돌았다. 내 편이 있어 세상이 두렵지도 않았고 지켜주는 울타리가 있어 외롭지도 않았다. 어머니 무릎을 베고 잠들면 새들이 구름처럼 뭉게뭉게 내게로 날아오고 바람은 민들레 꽃씨처럼 코끝을 간질대며 스쳐 갔다. 꿈속에서 들려오는 식구들의 목소리는 안전지대를 알려주는 야경꾼 요령마냥 마음을 더없이 평

온하게 만들었다. 나뭇잎 사이로 반짝이던 햇빛이 두 눈을 간질여주던 오후, 시간은 넉넉하고 세상은 정지한 듯 한가롭기만 했다.

산소에 핀 삐비꽃은 아버지가 가꾼 또 하나의 정원인지도 모른다. 그리운 자식이나 손자들과 함께하기 위해 바람의 씨앗으로 심었을 것이다. 먹고살기 바쁘겠지만 형제간에 자주 어울려 우애가 돈독하기를 바라는 염원을 먼저 담았을 거다. 아버지의 유언이 그것이었다. 가족의 행복과 기쁨을 위해 사랑의 정원을 열심히 가꾸라는 것. 혹시 모른다. 달짝지근한 삐비풀로 허기를 면하려고 주머니 빵빵하게 넣고 다녔던 가난한 어린 시절을 잊지 말고 부지런히 살라고 주문하는 것인지도 아버지도 그곳에서 더 이상 외롭지 않았으면 좋겠다.

삐비꽃 하나를 뽑아본다. 무 뽑히듯 꽃대궁이 빠져나오며 "삐비~익"하고 목관악기 피콜로처럼 튜닝 소리를 낸다. 방순芳淳한, 아버지 목소리가 들려오는 것 같다.

늦은 오후의 사랑

늦은 오후다. 산책길에 나섰다가 펑퍼짐한, 쉬어가기 적당한 바위에 온몸으로 걸터앉는다. 철갑으로 무장한 벌레 한 마리가 바위에 매달려 암벽타기 하듯 힘들게 기어오르고 있다. 의아심이 발동한다. 바위 아래로 무성한 풀새가 있는데도 하필 뙤약볕 아래 저렇게 힘든 여정을 택하였을까. 넓고 풍요로운 땅을 마다하고 척박한 열사의 사막인 투루판에 불가사의의 인공 지하수로를 건설한 위구르인들의 후예였던가. 바위 정상에 올라봐야 이끼 한 줌 없는데, 살아내려면 다시 바위를 내려올 수밖에 없을 것을 뻔히 알고도 그런 진로를 선택하는 습성과 의지라는 것이 있을까 궁금하다. 불시착인가. 방향이나 결과를 미처 예측하지 못하고 그저 앞만 보고 내달은 무모한 입지이던가. 세상의 무거운 굴레를 외피로 뒤집어쓰고 저렇게 뒤뚱대는 걸

음으로 언제 저 바위를 넘어설지 괜히 걱정이다. 답답할지라도 그러나, 어찌 보면 그것도 그가 원하는 자신만의 행로이다. 우리만의 관행과 관념에 길들어져서 우리 식으로 판단한 효율이고 처세일 뿐이지 그들은 또 그러한 선택의 엄연한 이유와 의미가 있는지도 모른다.

지인 중 한 사람이 재혼을 했다. 사별한 입장도 아니고 유부남과 유부녀로서, 그들의 가족과 주변 사람들의 만류와 염려를 외면한 채 서로의 사랑을 힘겹게 선택했다. 그 사랑의 숭고함이 어느 정도인지 계량할 수는 없는 일이기에 그러한 결정의 당위성에 가타부타 결론 내리기는 어려운 일이지만 처음부터 주변의 수군거림은 많았다. 부부간의 불화와 갈등의 반복으로 애정 없이 의례적인 결혼생활을 지속하는 것보다는 지금이라도 이상형의 상대를 만나 자기가 꿈꾸는 행복을 찾는 것이 현명한 삶이 아니냐는 말도 있었고, 완벽하게 서로가 만족하고 공감하며 사는 부부는 처음부터 없는 것이니 뿌리내린 내 자리가 마음에 든다 안 든다 원망하지 않는 식물성 사랑에 의미와 가치를 두어야 하지 않느냐는 의견들이 친구들 간에 충돌했다.

부부 이야기는 당사자가 아니면 모르는 일이라고 한다. 남들이 보기에는 서로에게 다정다감한 표정을 하고 있을지라도 실제로는 밖으로 드러내기 힘든 고통과 고충이 숨겨져 있는지도 모른다. 서로 존중하고 품위 있는 모습이 겉으로 보기 좋아도 정작 당사자들은 거리감과 불편함을 느끼며 향기 없는 꽃처럼 살고 있는지도 모른다. 결혼과 이혼에 대한 관념이 솔직하고 개방적인 서양과는 달리 어쩌

시간 밖의 시간으로

면 우리는 폐쇄적이고 명목적인 관습과 체면 때문에 서로의 진심을 뱀 꼬리처럼 숨겨두고 있는지도 모른다. 이혼은 더 나은 삶을 위한 선택일 뿐이라고 훌훌 털어버릴 수 있다면 좋겠지만 사회적인 정서와 관계성이 발목을 붙잡는 것도 우리의 현실이다. 남들 눈에 어떠한들 부부란 본인들이 사랑하고 행복해야 할 일이 우선인 것 같다.

자칫 비겁하거나 치졸해지기 쉬운 중장년 나이의 사랑, 공리나 영화를 꿈꾸며 세상적인 욕심으로 판단한 궁색한 만남은 아니었을 것이다. 무미건조함이나 공허함에서 오는 일탈적인 정념은 아닌지, 마음 저편에 묻어두었던 애절한 과거의 연정에 대한 보상심리는 아닌지, 익숙함이 권태감이 되어 새로운 사랑이라는 매력적인 유혹에 대한 선망과 욕망은 아닌지, …… 그래서 순간의 열정이나 동경에서 오는 편협하고 충동적인 결정은 혹시 아니었는지 다시금 돌아볼 수밖에 없다.

순수하고 진실한 사랑, 머리 희끗희끗해진 나이에도 그 같은 순결한 영혼이 존재할 수 있는가에 대해 다시 한번 의구심과 궁금증이 인 것도 그런 연유에서였다. 내가 왜 여기에 와있는지도 모르게 우연히, 그렇게 기적같이 발견하게 된 이상형의 사람이 다만 내 인생의 오후쯤에 예기치 않게 찾아왔을 뿐이라는 것. 멀고 아득한 서로의 시간과 공간을 이어주는 온전한 교감과 정서가 아무래도 이 사람 아니면 안 될 것 같은 숙명적 느낌 같은 것들. 그렇게 사랑이라는 감정 앞에서 나이는 단지 의미 없는 숫자에 불과할 뿐이라는 자기연민

이 앞섰기 때문일까. 이 세상에 어떤 사랑의 정의도 '틀린' 것은 없고 오직 '다를' 뿐이라는 말처럼.

제 사랑이 아무리 아름다운 것이라 해도 사회적 규범과 관습, 상식과 통념들을 외면하기가 쉬운 일은 아니다. 그 사랑의 감성을 이해 못 한다기보다는 그러한 사랑을 인정하지 않으려는 이성적 배타성이 세상의 속성이기 때문이다. 사랑의 정당성 확보가 자신들에게는 절대적인 명제였을 것이다. 오랜 세월 동안 가족과 쌓아온 신뢰나 추억이나 희생의 가치들도 저만큼 물러내 놓고 사회적인 공덕과 체면에도 눈길을 거둘 만큼 그렇게 절대적인 사랑이었던가. 무작정 너에게로 달려가는 것보다 한 발짝 물러서서 멀찍이서 바라보는 사랑일 수는 없었던가. 치러야 하는 대가 또한 큰 파장일 수밖에 없으니 책임 있는 선택을 위해서는 충분한 갈등과 고뇌의 검증과정이 필요했을 것이다.

가족과 주변의 지인들에게 남겨질 마음의 고통과 상처를 최소화하기 위한 노력과 과정도 동반되지 않을 수 없다. 그 충격과 황망함의 후유증은 무엇으로 치유될 수 있을까. 자식을 낳고 기르며 깨알 같은 시간을 함께한 그 정情만 따져도 서로를 쉽게 배반할 만큼 그렇게 가벼운 것은 아니지 않는가. 남의 행복을 훼손시키지 않으면서도 나의 행복을 거두는 지혜는 언제나 멀리 있듯 사랑과 죄 사이의 '타자의 윤리학'은 또 어떠하였을까. 사람이 하나로 묶이는 일이 쉽지 않은 만큼 하나로 묶인 두 사람의 끈을 풀어내기란 더욱더 어려운

일이었을 것이다.

어찌해야 할지 몰라 모두 안타까운 마음으로 한마디씩 웃짐을 친다. 지나가는 바람에 나뭇가지가 흔들리는 것처럼 사람 또한 살아가면서 그때그때 마음에 감성의 잔물결이 일어설 때가 있을 것이라고. 우연히 지나친 다른 이성을 두고 무심코 눈길을 주는 경우처럼 이루지 못한 꿈같은 사랑에 대해 아련한 미련과 아쉬움에 잠기는 경우도 있을 수 있을 것이라고. 하지만 바람은 지나가는 것일 뿐 머물지는 않듯이 그런 일순간의 감정도 속으로 알고는 있되 겉으로 흔들리지는 말아야 할 것이라고. 부부관계란 끊임없이 노력하고 희생하고 갈등을 극복하며 살아가는 과정이기에 외부로부터 자신에 대한 냉정함과 온전함이 때로는 굳건한 사랑의 버팀목이 될 수가 있는 것이라고. 그리고 지나고 보면 세상에는 특별한 사랑, 특별한 관계는 결국 없는 것이라고.

그래도 마음 한구석에 미련은 남는다. 당사자에게는 절실하고 절박한 현재진행형의 일들이 남들 앞에서는 결과가 뻔한 일이라는 식의, 그런 일은 예전부터 있어왔고 분명 잘못된 만남이었다는 식의 과거완료형으로 무심하게 종결되는 것도 가슴 아픈 일이다. 현실 속의 가면은 결국 우리 내면의 불편한 진실일지도 모른다. 늦은 오후에 찾아온 가을빛 같은 만남, 남들이 쉽게 가지 않는 길을 떠나는 두려움일 뿐 자기 삶은 자기의 몫이 아니겠냐고 말해주고 싶은 것도 숨길 수 없는 사실이다.

외딴섬

어느 외딴섬이었다. 낮게 내려앉은 구름 사이로 섬을 향해 끝없이 자맥질하는 포말은 무심한 파도 소리만 키우고 있었다. 정지된 시간처럼 풍경으로 남겨진 바닷가에 갈매기들은 콩깍지만 한 전마선 주위를 끼룩대며 맴돌았다. 여객선 뱃고동을 뒤로하고 육지로 출발하였더니 뒤꽁무니에 한 무리의 갈매기들이 따라붙는다. 중간에 돌아가겠거니 했는데 그게 아니었다. 한 시간이 넘는 바닷길을 선미파를 넘나들며 매달리듯 육지까지 뒤따라왔다. 갈매기의 눈빛이 허공처럼 텅 빈 동백꽃 같았다. 누군가에 대한 그리움, 육지와의 단절에서 오는 외로움 때문이었을까.

석양처럼 인생도 기우뚱, 내색도 없이 지나간다. 나이 들어 바라보는 황혼은 공허하고 처연한 일이다. 금방이라도 쏟아질 듯 빗물

머금은 무채색 하늘, 늦은 밤 호젓한 달빛처럼 바라만 보아도 구석구석 어둠의 그림자를 품은 쓸쓸함이다. 엎어 놓은 밥공기가 무덤 같다던 시인의 말처럼 노후에 혼자만의 생활이 허허롭고 적막하기만 하다. 홀로 났다가 홀로 떠나는 것이 인간이지만 살아 숨 쉬는 마지막 순간까지 한 줌의 관심과 위로를 갈구하는 나약한 존재가 아니던가.

무엇보다 자식들에게 실망감이 크다. 살갑지도, 습습하지도 않은 자식들은 제때 안부를 묻지도 않는다. 가청음역 밖의 메아리처럼 외로움의 긴 한숨 소리에도 무덤덤하기만 하다. 딱히 불효한다거나 속을 썩이는 일이 없는데도 마음 둘 곳 없는 벌판처럼 허전한 심사의 나날이다. 아무래도 딸이 없는 자식 농사 때문이 아닌가 싶다. 아니, 분명 그 때문이라 단정한다. 아들들은 본래 어머니란 여자의 깊이와 속내를 알지 못하는 것일까.

그 집은 남자들밖에 없었다. 일밖에 모르는 남편과 장승처럼 무뚝뚝한 아들 네 명이 식구들 전부였다. 아들자식 귀한 집에서는 부러운 일이겠지만 정작 막내 하나만은 딸자식이기를 소원했었다는 아쉬움과 함께 일가 구성의 끝을 맺었다. 처마 밑에 제비처럼 식구들 정겨운 소리는 남의 집 이야기였다. 어린 시절의 자식들은 그나마 귀여운 짓을 하느라 웃음거리를 주더니 커갈수록 점점 깡통 로봇처럼 뻣뻣하게만 변해갔다. 남자들만 사는 그 집은 낯선 문화와 언어의 행성에 온 이방인처럼 여자의 눈에는 갈수록 생경하기만 했다.

그녀는 늘 소외자였다. 무조건 강하고 직선적인 그들만의 문화는 애정에 목말라하는 여자의 심성과는 거리가 멀었다. 그곳의 남자들은 하나같이 재미도 없고, 유머도 없고, 낫낫한 감정표현도 없었다. 꽃이 피어도 향기를 모르고, 작은 손길 하나에도 감동이라는 신기한 묘약이 숨어 있다는 것도 알지 못했다. 지붕 아래 몸은 함께 있어도 생각과 행동은 서로가 겉돌았다.

남자들끼리 의기투합한 자식들은 언제부턴가 그녀를 어머니가 아니라 이해하기 어려운 이성으로 대하기 시작했다. 주제와 바탕이 엇갈리고 바라보는 사물이 달랐다. 그녀의 주장은 허공에 메아리가 되기 십상이고, 관심 밖으로 밀려난 그녀의 언어는 추임새처럼 단절음의 감탄사로 매번 끝나고 말았다. 여자는 자신의 정체성을 잃고 투명 인간처럼 남자들의 귀와 입을 빌어 살 수밖에 없었다. 홀씨로 세상에 온 앉은뱅이 민들레처럼 외딴섬에 홀로 남겨진 고립과 소외감 같은 거였다.

살가운 모녀의 정이 그리웠다. 도란도란 수다도 떨고, 같이 드라마도 보며 울고 웃기도 하고, 은밀한 여자들만의 비밀을 공유하며 정서적 교감을 나누는 일들을 상상하는 날이 많았다. 딸은 키우는 재미라고 하지 않던가. 머리채를 요리조리 땋아서 모양도 내어보고, 예쁜 옷을 입혀 눈요기도 하고 싶었지만 어디까지나 혼자만의 인형놀이에 불과했다. 여자의 속마음을 알 리 없는 남자들에게 그런 자세仔細한 감정을 기대하기란 한낱 꿈속의 꿈일 뿐이었다.

시간 밖의 시간으로

나이가 늙숙해질수록 가슴 한편의 공허는 점점 더 커져만 갔다. 살아가는 날들이 곤비하여 가끔 실토정하고 싶어도 그 심중을 헤아려 줄 상대가 없다. 자식들 사이를 비집고 덩굴손처럼 무엇인가 붙잡으려 하지만 허방다리를 짚듯 남는 것은 상실감뿐이다. 호강을 바라는 것은 아니었다. 아프다거나 외롭다는 말 한마디에 물불 가릴 것 없이 달려와 주는, 남 앞에서는 호들갑일지라도 아무 곳에서나 무작정 내 편이 되어주는 그런 딸자식들의 모습을 보면 빚진 채무자처럼 주눅부터 들었다.

딸자식이 없는 대신 며느리들에게 내심 기대를 했던 것은 사실이다. 모두가 들국화처럼 청순해서 남자들만의 건조한 집안에 갓 쪄낸 옥수수같이 정겹고 부드러운 분위기로 바꿔놓았다. 그렇지만 그들역시 바라보는 꽃들이지 내 손에 물들이는 봉숭아나 내 마음 위해주는 뒤란의 분꽃은 아니었다. 차라리 모정을 에워싸고 모질게 달라붙는 잡초가 더 아쉬웠는지도 모른다. 딸 같은 며느리, 엄마 같은 시어머니는 남들 앞에 듣기 좋은 소리일 뿐이었다. 체면과 도리가 따르는 관계는 세상에 어떤 일도 흉이 될 수 없는, 아무리 못난 짓도 잘못이 될 수 없는 피붙이 같은 사이는 결코 아니었다.

사는데 정신이 팔려 젊을 때는 마음 한구석에 미련으로 남겨두었지만, 노구의 몸이 되고 보니 부정할 수 없는 현실로 다가왔다. 그나마 의지하고 타시락거리며 살던 남편마저 떠난 뒤로는 낮달 걸린 거푸집에 홀로 우두커니 지내는 날이 대부분이다. 그날이 그날이고 그

일이 그 일이며, 멀리서 자식들 소식을 기다리다 텅 빈 가슴에는 매일 서늘한 바람이 분다. 허우룩한 마음에 할미꽃처럼 고개 숙인 하루는 그리움에 젖은 노을빛으로 마감하고 만다. 이제 딸자식에 대해 부러움도, 아쉬움도 뒤로한 채 마음을 추스르는 방법만 익히며 살아간다.

해가 떨어지고 땅거미가 짙어져도 아들들은 여전히 뒷전이다. 노후 생활에 재미를 찾아보라고, 자기 자신의 삶을 즐겨보라며 엉너리치는 말만 한다. 주위에서도 앞으로 '백세시대'에는 혼자 사는 것은 당연하다며 건강하고 행복한 노후의 삶을 설계하라고 부추기는 말들만 한다.

하지만 자신이 없다. 어떻게 해야 할지 모르겠다. 생때같은 자식들 거두느라 온통 먹고살 궁리만 했을 뿐 내가 누군지, 어떻게 살아야 잘 살고 못 사는 것인지 생각해 본 적이 없다. 보릿고개 시절에 그런 것들은 사치고, 방종이며, 죄짓는 일이었다. 자식이 전부이고, 희생만이 미래의 유일한 희망으로 알고 살았을 뿐이었다.

세상이 변한 것은 사실이다. 대가족 아래 자식 바라기로 노후를 봉양 받던 시대를 기대하기는 더는 어렵게 되었다. 가족이라는 것도 책임과 의무, 혈연과 관례에 매인 관계보다는 보편적인 기초집단, 친밀한 인간관계의 확대개념으로 조금씩 변모하고 있다.

사람은 '들풀처럼 섞여 있으면서도 저 혼자 외로운 존재'라고 했다. 앞으로는 생의 공간이나 존재의 허전함을 사람으로 채우려는 건

어리석은 일이 될지도 모른다. 나이가 들면 외로워지는 것은 당연하겠지만 그 현실을 받아들이고, 주변을 놓아주고, 슬픔을 넘어서서 홀로서기 하는 연습이 필요할지도 모른다.

숫자 커다란 전화기를 끌어안고 여자는 오늘도 자식들에게 매달린다. 길어지는 통화 연결음에 표정 잃은 눈빛이 덜컹거린다. 노후가 아무리 편안할지라도 자식이 배제된 공간은 처음 가본 여행지처럼 낯선 느낌일 것이다. 주변머리나 너울가지 없는 자식들이지만 그래도 그들의 품에 기대고 의지하는 것이 가장 큰 마음의 안식처가 되는 모양이다.

세상이 아무리 변했어도 그것은 다음 세대의 물음이고 염려가 아닐까 한다. 사람마다 살아온 시대와 배경이 있다. 세상이 바뀌었다고 부모님들이 살아온 삶이 갑자기 방외인이 될 수는 없을 것이다. 자식만을 위해 인고의 세월을 보냈던 그 세대의 시공간을 이해하고 그들에게 익숙한 방식 그대로 마감하는 것이 마땅한 도리가 아닐까 싶다.

딸이 없어 서러운 것이 아니라 딸 같은 마음을 가진 자식이 없어 외로운 것일 거다. 무뚝뚝해도 속정은 있다는 말은 남자들의 옹색한 변명인 것 같다. 만수받이나 보비위라 할지라도 적막강산 외딴섬에 마음의 쪽배라도 자주 띄어야 하지 않을까. 어머니의 그 외로움에 정작 나 자신이 가장 큰 가해자라는 죄스러움을 떨쳐버릴 수가 없다.

허석 수필집
144

벌초하는 날

처서를 훌쩍 넘긴 가을 문턱이지만 늦더위가 아직 집요하다. 청량淸凉보다는 명징明澄이다. 메숲졌던 산야는 점점 푸름을 잃어가고 열기가 한층 꺾인 하늘은 슬슬 수채화를 닮아간다. 강가 노송 숲 사이를 빠져나온 바람이 논두렁에 핀 허연 망초꽃 무리를 뒤흔든다. 길섶 산수유 진 자리에 울음처럼 맺힌 붉은 열매가 눈 시리다. 감물 든 베적삼처럼 오래된 그리움이 멍울져온다.

나지막한 산등성에 종굴박 같은 무덤들이 등고선처럼 늘어서 있다. 한 집안의 내력을 품은 선산이다. 잠자는 영혼을 위무하듯 고추잠자리 날갯짓들이 물기 마른 허공에 부산하다. 여름을 먹고 자란 잔디가 수풀처럼 출렁이고, 바람 타고 흘러든 이름 모를 방초들은 주위의 따가운 시선에도 아랑곳없이 꽃향기를 잔뜩 품고 있다. 벌초

시간 밖의 시간으로

하는 오늘이 없었다면 사람 발길 끊어진 폐가처럼 쑥대밭이 되기에 십상이다.

'묘지에 가면 마음의 평온을 얻는다.'라는 어느 소설가의 말처럼 죽은 영혼들 사이에서 위안과 충만을 느끼는 것은 아이로니컬한 일이다. 하지만 생명의 한계가 있는 인간들이 죽음을 삶의 일부분으로 받아들이면 어쩌면 당연한 정서가 아닐까도 싶다. 외국에서는 동네 가까이 공동묘지가 자연스럽고, 드넓은 잔디밭에 공원묘지를 겸하기도 하고, 집안 마당에 묘지를 두는 나라들도 있다고 한다. 어릴 때는 어둡고 무거운 장소였지만 나이가 들수록 더 애틋해지는 것은 나에게도 죽음이 가까워졌기 때문인지도 모른다.

각지에서 일가친척들이 모여든다. 형제이고 부모이며, 당숙이고 조카들이다. 일 년에 한 번 보는, 정겹고 반가운 혈육이다. 윙윙대는 예초기 소리를 선두로 제각기 낫이나 갈퀴를 들고 일사불란하게 움직인다. 조상님들 쉼터를 내 손으로 꼭 단장해드리고 싶은 마음이 모두 한결같다. 멀리서 오는 가족들이 뒤늦게 산소에 도착할 때마다 참새 떼처럼 우르르 몰려가 왁자지껄 인사와 웃음을 나누고 제자리로 돌아가기를 반복한다. 봉분이 제 모습을 드러내자 잘 깎아놓은 밤톨처럼 생전 아버지 모습 그대로다.

맨 꼭대기 증조부 묘소부터 제절 아래 식구들이 모여 선다. 나이 순, 항렬 순으로 두 겹 세 겹으로 정렬한다. 얼굴도 모르는 비문 속의 조상이지만 시제를 지내는 마음은 사뭇 경건하다. 조상의 음덕을

기리고 숙연한 추모의 마음을 더 보탠다. 자손들 한 해 건강하고 평안하게 돌보아주심을 감사하고 또 내년의 무탈을 기원한다. 바쁜 와중에도 조상을 찾는 자신의 정성이 그대로 전해지리라 기대해본다.

제를 지내는 경건함은 예나 지금이나 변함없다. 하지만 앞니 빠진 빈자리처럼 뭔가 아쉬움과 허전함이 밀려온다. 참석하는 인원도 많이 줄었고 특히 젊은 자손들이 별반 보이지 않는다. 바쁘다는 핑계로, 번거롭다는 이유로 갈수록 벌초나 제례 행사에 소원해지고 있다. 아장대는 손자 손녀들까지, 새로 들인 젊은 며느리들까지 찾아와 복작거렸던 그 시절이 불과 몇 년 전의 일이었다. 갈수록 가족 수는 더 줄어들 텐데 지금 장년층이 사망하고 나면 이 선산을 누가 돌볼지도 지레 염려가 된다.

세상이 많이 바뀌었다. 사회가 급속히 개인주의화 되고 편리함을 우선하면서 덩달아 조상 모시기도 고리타분한 옛것으로 취급되고 있다. 결혼이나 출산을 꺼리면서 기초적인 가족 개념마저 해체되고 있다. '나 홀로' 문제만은 아닌 것 같다. 설사 가족이라고 해도, 함께 하는 사람들과의 관계에서 생기는 피로감을 줄이고 자신에게만 집중하려는 의식이 젊은이들 사이에 팽배해졌기 때문이다. 한 하늘 아래지만 전혀 다른 세상에서, 각자 서로 다른 방식으로 살고 있는 것이 현실이다.

장례 방법도 화장이나 수목장으로 대체되면서 후손들이 찾아갈 흔적마저도 만만치가 않다. 최근 들어 미국에서는 환경오염과 토지

부족을 이유로 시신을 묻거나 태우지 않고 땅에 도움이 되는 방식으로 처리하는 '시신 퇴비화 장례'도 도입되었다고 하니 인간 존엄성마저 의미가 없어져 가는 것이 아닌지 모르겠다.

정보 기술과 생명 기술, 쌍둥이 혁명을 겪고 있는 21세기 인간의 삶은 얼마나 달라질지 궁금하다. 가상 인간과 디지털 인간의 현실화, 인공지능사회와 기계 인간 시대가 기세 높게 다가오고 있다. 이번 세기 중에 알고리즘을 통한 인간 내부의 통제와 생명의 설계도 가능해질 것이라고 한다. 인간의 경험은 데이터로 완벽하게 정리되고, 인간의 사유와 감정조차도 AI의 인도와 지시를 받게 될 운명이다. 만일 지금까지와는 다른 인류종족이 출현하게 된다면 장구한 세월에 걸쳐 인간이 건설해온 세상과는 판이한 모습이 될 것이다.

물러나는 세대로서는 상상하기조차 힘들고 한편으론 무섭기까지 하다. 기계가 인간의 일을 대신한다고 해서 인간만이 가진 신뢰와 믿음이라는 미덕 또한 사라지고 있는 것은 아닌지 조바심이 난다. 기계는 기계의 몫이 있겠지만 인간은 인간의 영역을 지켜나가는 것이 인류의 행복을 가능하게 하는 것이 아닐까 싶기도 하다. 기계문명의 발전이 인간의 퇴화가 아니라 진화의 한 과정이기를 기대해 볼 뿐이다.

부모와 조상을 추모하는 행사도 아예 없어지는 것은 아닌지 모르겠다. 옛날 방식은 새로운 시대 앞에서 자꾸만 진부해지고 볼품없어져 가고 있다. 불편하고 부족했지만, 결코 결핍하거나 불행하지 않

앉던 그 시절은 아무런 근거도, 가치도 없는 일이 되고 있다. 조상의 권위가 싫어서 제사와 같은 문화를 멀리한다지만 오히려 인간의 가치와 존엄은 기계문명 앞에 힘을 잃고 있다.

형제자매와의 만남도 자꾸만 줄어든다. 일가붙이라고 해서 안부가 궁금하고 인사차 전화 한 통도 옛일이 되었다. 부모님마저 안 계시면 명절도 없고, 형제라는 우애도 아예 잊고 살지도 모른다. 가족과 함께 지내는 시간도 없고 이웃과 함께 어울리는 정도 없다. 반려동물과는 가족의 일원으로 정서적 교감이 늘어나는 반면 진짜 인간으로서의 가족관계는 자꾸만 멀어져만 가고 있다. 해마다 줄어드는, 보이지 않는 혈육들을 기억으로만 찾는 것이 씁쓸하기만 하다.

그나마 찾아갈 곳이 벌초 행사였다. 산소는 육신의 흔적을 남기고 싶어서보다 혈육 간에 얼굴이라도 잊지 않고 사는 매개체가 되는 것 같다. '효'는 말보다 손발이 먼저일 테다. 조상에게 예를 지키는 일이 형식보다 마음이 중요하다고 하지만 몸으로 앞장서 구하고 얻으려 하지 않고서 마음이 통할지는 의문이다.

사람은 무엇 때문에 사는지, 행복해지자고 태어났는데 과연 옛날보다 지금이 행복하다고 말할 수 있는 것인지, 무엇으로 살맛이 나고 무엇으로 좋아졌는지 나 자신에게 물어보고 싶다. 편리가 문명을 재촉하여 인간의 근원적인 정서와 영혼마저 빼앗아가고 있는 것은 아닐까. 가족도 없고, 효도 없고, 우애나 정도 모르는 그런 생활이 기계 아닌 인간의 삶에 과연 행복한 일일까. 그런 세상이 무슨 의미

가 있을까 싶다.

'인생은 속도가 아니라 방향이다.'라는 말이 있다. 특별한 놀잇감
도 없는데 형제가 종일 재미있게 지내고, 훗날 사촌 간에 잘 지내야
한다며 방학이면 친가나 외가로 보내 서로 어울려 지내도록 했던 부
모님의 배려가 '신기한 일'이 아니라 진정 '사람 사는 일'이 아니었던
가 한다. 행복을 찾아 저마다 달려가고 있지만 인간다운 삶이 지속
가능한 보편적인 가치가 바탕이 되었으면 좋겠다.

해가 중천을 넘어서자마자 자기 시간, 자기 세상으로 돌아가기 위
해 가족들이 다시 뿔뿔이 흩어진다. 길이 멀거나 할 일이 많다는 이
유에서이다. 몇 시간쯤, 하루쯤 같이 머물며 정을 나눌 여유가 현대
에는 없다. 한 모금 음복마저도 음주운전 때문에 사양이다. 안부를
넘어 서로의 삶을 옹호하고 상처를 위로해줄 마음도, 노력도 쉽지
않다.

이제 여기 선산에도 가을이 깊어질 것이다. 바닥에 나뒹굴던 낙
엽이 참새 떼같이 종종걸음을 치고 겨울 허수아비같이 곧 바스러질
것 같은 허무가 찾아올 것이다. 밤하늘 홀로 떠 있는 달빛처럼 그리
움의 허기가 음영처럼 드리워질 것이다. 동안거에 들어가는 수도승
처럼 조상님들도 긴 겨울날을 낯설게 지내며 다음 해 벌초하는 날을
목놓아 기다릴 테다.

등받이

등을 기댄다. 창문을 넘어 들어온 햇볕 자리가 벽을 타고 꺾은선 그래프로 등을 기대어 온다. 중후한 첼로 선율이 가난한 등줄기를 어루만지며 몸속 깊숙이 들어와 심상의 현을 울린다. 몸을 살며시 뒤로 젖혀본다. 벌러덩 넘어진다. 등받이 없는 동그란 벤치였음을 그제야 깨닫는다. 허공 하나가 거기 있다.

믿음이었다. 온몸을 내맡겨 의탁하고 싶은, 떠난 지 오래된 고향 이지만 누군가 달려 나와 반겨줄 것 같은 그리움이었다. 자전거를 배울 때 뒤에서 붙들고 있다는 믿음이 있기에 손을 놓아도 넘어지지 않는 것처럼.

꼿꼿한 허리로 앉아야 하는 것은 언제나 불편한 일이다. 수직의 독립성이 주는 불안감이고, 힘주어 척추를 곧추세워야 하는 경직과

시간 밖의 시간으로

151

긴장감이다. 등받이의 존재 여부는 결핍감에서 여유로, 단절감에서 교감으로 무게중심의 이동이다. 나무처럼 직립으로 버텨야 하는 것들은 모두 외로운 존재들이다.

동네 구석진 골목에 허름한 선술집이 있었다. 아주 작은 평수만큼이나 살림도 가난해서 의자마다 그 높낮이나 모양새가 서로 달랐다. 앉을 때마다 마음 심지가 변덕을 부렸다. 약간 높거나 등받이가 있는 의자에 앉을 때는 괜히 자신감이 생기고, 목소리도 커지고, 웃음이 많아졌다. 그런데 의자가 낮거나 등받이가 없을 때는 자꾸 움츠러들고, 세상이 힘들어지고, 심드렁한 심사에 사로잡혔다.

한 여자를 사랑했다. 세상 사는데 무거움과 어려움이 없었다. 삶의 기준이 명쾌하고 의지가 명료했다. 혼자 있어도 외롭지 않고 길을 잃어도 두렵지 않았다. 그녀에게 등을 기대면 잎새 무성한 동네 정자나무처럼 안락하고 평화로웠다. 그녀의 존재는 살아가는 힘이고, 동기부여이고, 먼 미래를 꿈꾸는 무지개와 마찬가지였다.

거리를 지나가는 사람들의 뒷모습을 유심히 본다. 저마다의 등은 소리 없는 이야기를 하고 있는 것 같다. 자신감에 들뜬 듯 꼿꼿한 모습이기도 하고 좌절감에 무너질 것 같은 굽은 등이기도 하다. 등은 자기 삶의 또 다른 얼굴이고 이력이다. 앙다문 마음들이 박혀 있고, 눈물 어린 순간들도 그 속에 숨어 있다.

삶이 고달플 때마다 뒤를 돌아다보았다. 세상은 나를 알아주지 않고 하는 일은 불여의하기만 해서 실망감만 앞서던 때가 있었다. 지

치고 외로운 심신을 누군가에게 위로받고 싶었다. 누군가가 나의 등을 어루만지고 귀 기울여 내 목소리를 들어주는 것만으로도 마음에 안정과 위안이 될 것 같았다. 그때마다 등 돌리지 않고 내 편이 되어주고 나의 슬픔과 아픔을 감싸고 보듬어 준 것은 사랑의 등받이였다.

항상 사랑을 받고 있으면 그 누군가의 존재마저도 의식하지 못하는 것 같다. 그러던 어느 날 늘 채워져 왔던 그 자리가 비어 있을 때의 허전함이 찾아오는 순간이 있다. 그제야 그것이 나를 지켜왔던 등대였음을, 삶의 빼놓을 수 없는 지지대였음을 비로소 인식하게 되었다. '아! 이제는 정말 혼자구나.' 하고 등짝에서 한기를 느꼈던 것은 그런 아버지가 돌아가시고 난 뒤였다.

아버지는 어린 나이에 벌써 부모님을 잃었다. 보호받아야 할 소년 시절에 스스로를 책임지기 위해 고향을 떠나 세상 속으로 뛰어들었다. 공장에서 온종일 궂은일에 매달리며 땀 흘려 일해도 저녁이면 돌아갈 집도, 반겨줄 가족도 없었다. 밤마다 들판에 누워 풀벌레 울음보다 적멸한 마음을 혼자 이겨내야만 했다.

한 번도 가져보지 못한 그 사랑의 보살핌에 평생이 목말랐을 것이다. 지치고 외로웠을 때 달려가 안길 포근한 품이 얼마나 그리웠을까. 몸 하나 기댈 곳이 없는 독립자의 삶이 얼마나 고단하고 황량했을까. 아버지의 옹이 진 가슴앓이를 미처 헤아리지 못하고, 알려고 하지 않았던 것이 참으로 죄스럽다.

자식들은 무관심했다. 바쁘다는 핑계로, 지금은 힘겹다는 변명으로 주위만 맴도느라 언제나 그 자리에는 아무도 없었다. 깃털처럼 몸이 가벼워졌을 때도 널찍한 등판 한번 내보이며 아버지를 업어보지도 못했다. 퇴근길에 간이역마냥 멈춰 서던 장명등 기둥, 응등그러진 어깨 살며시 기대어보는 유일한 등받이였을 것이다.

등받이는 말없이 수고와 고통을 감당한다. 지친 자에게 쉼터이고, 힘든 자에게 안녕과 위안의 방패막이가 된다. 기울면 기울수록 탄력 좋은 용수철처럼 든든한 버팀목이고 지지대의 역할을 한다. 중심을 잃고 추락하는 영혼들의 바지랑대가 되고 가야 할 길을 가리키는 안내판이 되기도 한다. 밝지만 그림자를 드리우는 햇빛이 아니라 어둠으로부터 해방시켜주는 달과 같은 존재이다.

우리는 등을 기대고 의지하며 살아왔다. 유아 시절에는 어머니의 등을 빌려 세상 구경을 하였고 형제 많은 집에서는 누이의 등에 따개비처럼 붙어서 친구들과 노는 법을 배웠다. 누구라도 혼자 떠도는 세상이 아닐 것이다. 혼자 힘으로 삶을 헤쳐나가는 듯 자신하지만 보이지 않는 관계의 그물망 속에서 서로 의지하며 동행자로 살아가고 있다. 힘겨워 기대고 싶어 하는 사람에게 그가 의지할 등 한쪽을 흔쾌히 내어주고, 내가 지쳤을 때 그의 등을 빌어 위로받을 수 있다면 더없이 균형 있는 삶이 되리라. 더위에 기진한 사람들을 위한 그늘이 되고, 삭풍에 휘청대는 사람에게 바람막이가 한 번쯤 되어줄 수 있다면 더없이 행복한 삶이 될 것 같다.

허석 수필집

154

등을 기댄다. 사랑과 믿음이 등줄기를 파고든다. 새털구름 사이로 황홀한 석양빛이 허공에 길을 내며 총총히 걷고 있다. 거기 등받이가 있다.

4부

쉽게 사는 연습을 하다

●

시골집에 살면서

옛길을 걷다

거기 빈 의자가 있었다

닭장에서

겨울 아침에

시간 밖의 시간으로

파리잡이 끈끈이

둥지, 나를 내려놓다

문間, 문門을 열다

●

시골집에 살면서

울퉁불퉁하고 삐뚤빼뚤하다. 벽과 천장, 바닥 어디에도 자로 잰 듯 반듯한 곳이 없다. 벽마다 전깃줄이 얼기설기하고 천장마다 반자 평형이 들쑥날쑥하다. 어두침침한 흙창과 손바닥만 한 뙤창이 채광과 통풍에 고작이다. 버름한 문틀, 마른 국화 무늬가 배인 창호지에 첩첩 겹겹 그리움이 달빛처럼 스며들었다. 높은 곳이 없다. 내 키가 이렇게 컸던가 싶게 머리가 천장에 닿을 듯하다. 방문도 어깻죽지에 못 미쳐 들랑거릴 때마다 고개도 숙이고 허리도 굽혀야 한다. 겸손하지 못했던지 벌써 문머리에 이마를 몇 번이나 찧고 말았다. 오래된 옛날집이다.

시골에 잠시 거주할 일이 생겼다. 평생 살고 있는 아파트보다야 이참에 맨땅을 밟으며 사는 것도 좋겠다 싶어 앞마당과 텃밭이 있는

시간 밖의 시간으로
159

허름한 옛집으로 이사를 했다. 오래전 누군가가 맨손으로 지은 흙집이다. 겉보기에도 들 찬 데 없고 엉성해 보여 문명 이전의 시대로 되돌아온 것이 아닌가 하는 생경한 마음이 이를 데 없다. 성하의 메숲진 계절이었다.

마당에 내려선다. 나무들도 하나같이 옛사람의 정취가 그대로 남아 있다. 감나무나 대추는 식구들 주전부리로, 가죽나무나 엄나무순은 봄철 입맛 돋우느라, 산초와 제피나무는 음식에 양념용으로 심었을 테다. 꽃사과나무는 웬일일까. 누구에겐가 그리운 마음을 새콤한 향내에 담아두려 했을까. 방울토마토 같은 열매가 꽃숭어리로 매달려 파란 하늘을 온통 빨갛게 물들이고 있다. 매미들은 터앞 고추줄기에 허물을 벗어놓고 짝을 찾느라 목청을 뽑아 아우성친다. 은사시나무 잎사귀가 실바람과 연애하느라 재갈재갈 배를 뒤집으며 웃는 소리가 들린다. 사람 구분도 못 하는 딱새, 멧새, 오목눈이들이 경계선도 아랑곳없이 수시로 담장을 넘나든다. 지렁이가 밀어내놓은 흙 탑들이 마당에 즐비하다. 호기심에 호미로 후비적거리면 온갖 땅속 임자들이 혼비백산이다. 탱자나무 담장 곁으로 색색의 봉숭아가 알록달록 무리를 지었다. 손톱 위에 올려놓은 꽃물이 흐트러질까봐 대한독립 만세 자세로 밤을 새운 누이가 눈 비비며 걸어 나올 것같다. 풀어쓰기 해놓은 한글처럼 개미 떼가 양지바른 길목을 꼬물거리며 지나간다. 마가목 그늘 아래 고양이 일가족이 무료한 오후의 늘어진 하품을 한다. 인간과 자연이 더불어 살았던 어린 시절 그대

로의 정겨움이 고스란히 담겨 있다.

도시에서 구경 온 딸의 첫 반응이 "이런 데서 어떻게 살려고요?"였다. 경험한 적 없으니 당연하다 싶다. 날로 편하고 지능화되는 건물구조와 생활양식에 익숙한 현대인에겐 이해 못 할 일인 것도 같다. 그래도 손녀는 놀이방처럼 재미있는지 마당으로, 섬돌로, 툇마루로 무한 되돌이표 하며 폴짝거린다. 남들 눈에는 누추하지만 정작 당사자의 평안한 느낌은 어디서 오는 것일까. 자연 속에 어린 시절을 보낸 시골 태생이어서일까, 적빈한 살림에 익숙해진 습관일까, 아니면 어처구니없게도 혼자만의 독립된 생활을 즐기고 있는 것일까.

문이 작고 천장이 낮아 덩치 큰 가구를 들여놓을 수가 없다. 방은 작지만, 텅 비어 있으니 오히려 여유로 충만하다. 최소주의minimalism의 삶이 이런 것일까. 기능적이고 효율적인 분위기와는 거리가 멀지만, 성의와 재미가 있고 시간과 노력이 아깝다는 생각이 들지 않는다. 일거수일투족이 자주적이라 불평불만이 없다. '해야 해!' 하는 압박감보다 '해볼까?' 하는 능동형의 일과다. 규칙과 시간표를 아예 정하지 않았다. 하고 싶지 않은 일을 지금 하지 않는 것도 더불어 즐거운 일이다. 내 먹을 것 내가 생산한다는 사실이 얼마나 경이로운 일인가. 걸어가는지 끌려가는지 건공중에 놓였던 도시 생활에서 이제야 발을 바닥에 내려놓은 것 같은 안정감과 편안함이 다가온다.

시간 밖의 시간으로

예전 우리들의 집은 자연의 일부였다. 가족이 함께하는 공간이고 보금자리였을 뿐 남에게 보여주기 위한 허세도, 재테크나 환금성의 수단도 아니었다. 낙서하지 마라, 물 튀기지 마라, 상전처럼 집을 모시고 사느라 노심초사하지도 않았다. 불편해도 전혀 아쉽지 않고 초라해도 전혀 부끄럽지 않은 안식처였다. 놀이 공간인 자연은 어디에나 있고 언제 어디서나 내 편인 식구들도 품 안에 여전했다. 빛은 있어도 눈부시지 않고 닫혀 있는 것보다 열려 있는 것이 많은 곳이었다.

조선의 백자 달항아리를 본 적이 있다. 몸통의 둥근 곡선과 풍만한 기형이 보기에도 두루뭉술하고 육덕지다. 밑받침이 좁고 비스듬히 경사져 있어 대칭이나 비례가 맞지 않는다. 뒤뚱한 것이 왠지 불균형이고 불완전해 보인다. 그렇지만 편하다. 꾸미거나 뽐내는 짓이 없다. 넉넉하고 여유로운 것이 자연 그대로의 풍경을 바라보는 것 같다. 한낮의 변화를 보듯 돌려보는 방향에 따라 그 모양과 느낌은 각양각색이다. 정물은 사라지고 민속民俗을 읽는 듯 질박한 정겨움이 앞선다.

'흰빛의 세계와 형언하기 힘든 부정형의 원이 그려 주는 무심한 아름다움을 모르고서, 아주 많이 일그러지지도 않았으며 더구나 둥그런 원을 그린 것도 아닌 이 어수룩하면서 순진한 아름다움에 정이 간다.' 미술사학자 최순우 선생의 표현이다. 완벽하고 인위적인 조형미보다는 자연스러움과 인간적인 분위기의 아름다움을 말함이리

라. 무늬나 치장도 없이 단순한 멋, 있는 그대로의 삶에 순응하고 수용하는 관용의 지경에 이른 것이 아닐까.

나는 지금 달항아리 같은 집에서 살고 있다. 평수도, 학군도, 내집과 남의 집에 대해 의식을 하지 않아도 되는 집이다. 신분과 계급도, 차별과 분별도, 많고 적음도 경계 밖에 있다. 속도와 합리보다 여유와 향유가 먼저다. 느린 것 같지만 휴식이 있고 허술한 것 같지만 풍요가 있다. 찾아오는 자 반기지만 불편해하는 자 굳이 초대하지 않아도 되는 집이다. 생활 수준을 따지기에 앞서 시골집이 주는 단순하고 너그러운 삶에 자적하는 요즈음이다.

행복이 결코 어려운 것이 아님을 새삼 깨닫는다. 내가 좋아서 하는 일로 바꾸면 될 것 같다. 겉보기로부터 자유로워진다는 것은 자신의 영혼을 강하게 하는 일이다. 굳이 필요하지도 않은 말과 행동을 줄임으로써 근심거리나 가슴앓이도 사라지고 안달하거나 쫓기는 마음 없이 나를 위한 시간에 충실해졌다. 살면서 그렇게 집착했던 중요하고 대단해 보이던 일들이 지나고 보면 얼마나 사소하고 작은 것들이었는지도 이제는 알겠다. 움직이는 것보다 생각하는 시간이 많아진 나이 덕택이다.

날씨가 쾌청하다. 뜰 안 그늘에 앉아 오래된 책을 펼쳐 든다. 새물내 풍기는 바지랑대 옷가지들이 바람에 흩날리며 뽀송뽀송 말라간다. 멀리서 잠언 하나 들려온다. '덜 갖고, 더 많이 존재하라.'

옛길을 걷다

　길은 만남이고 소통이다. 인연을 만들고 세상을 만난다. 가고 오는 숨탄것들의 통로이고 울고 웃는 인생극장의 여백이다. 길목을 지나는 바람의 층계마다 사람 살아가던 시간과 풍경들이 저장되어 있다. 그들만의 이야기와 숨결, 몸짓과 냄새들이다. 과거와 현재도, 미래와 영혼도 모두 길의 연장 선상이고 삶의 여정이다. 하늘엔 새의 길이, 강에는 숭어의 길이 있다. 그대에겐 그대의 길이, 나에게는 나의 길이 있다.

　길은 어떻게 생겨났을까. 햇볕이 따뜻한 곳을, 별빛이 반짝이는 곳을 연정으로 발걸음하다가 오솔길이 생겨나지 않았을까. 강물 흐르는 대로 구름에 달 가듯이 고독으로 걷다가 나그넷길이 만들어지지 않았을까. 처음 가는 길에는 이름이 없다. 그냥 발자국이고 흔적

일 뿐이다. 화석처럼 나도 그 길에 삶의 무게를 얹어보고, 전설처럼 나도 그 주인공이 되어보아야 비로소 그 길이 존재한다.

옛길을 걸었다.

산골에 사느라 무시로 산속을 찾다 보면 숲속에 숨겨진 유적 같은 옛길을 우연히 만난다. 문경새재나 산막이옛길처럼 관광지로 개발된 곳이 아니어서 오히려 선인들의 발자취와 숨결이 더 원초적이고 원형적으로 다가오는 것 같다. 산색 고운 가을빛 짙은 날, 동반도 지향도 없는 발길로 그 길을 따라가 본다. 잃어버린 순결한 영혼을 찾듯, 꿈꾸어오던 삶의 해답이라도 찾아 나선 듯 보폭과 걸음을 산새 울음에 숨죽여가며 시간의 흐름 속에 빠져든다.

수풀이 우거지고 초목이 울창하게 차지한 옛길은 이젠 산짐승들만이 이용하는 숨은 길이 되었다. 허리를 굽혀 나뭇가지를 피하고 가시덤불에 몸을 찔려가며 불편한 걸음이지만 마음만은 흠결 없이 자유롭고 여유롭다. 여기저기서 좁은 오솔길이 출몰하여 시작점이 되고, 가마나 지게꾼이 비켜 지나갈 수 있게 달구지 폭의 길이 산마루를 향해 미지의 세계처럼 이어진다. 혹시 그럴까. 앞마당을 오가던 나의 동선이 대문 밖 고샅길로 이어지고, 마을과 마을을 지나 산길과 바닷길이 되었다가 멀리 유라시아 대륙과 산토리니 파란 지붕을 거쳐 윗마을 재 너머로 되돌아와 연결될 수도 있는 것일까.

한양으로 과거 보러 가고, 보부상들 장사하러 다니고, 동네 처녀들 옆 고을로 시집가느라 옷고름 눈물 적시던 길이었으리라. 입신양

시간 밖의 시간으로

명이나 부귀영화, 연정이나 구도를 쫓는 세상살이 발걸음이 사시사철 번잡했으리라. 둥치 큰 나무들의 거친 수피마다 한 세상 살다간 민초들의 애환과 사연들을 구구절절 품고 있는 듯하다. 조금만 눈길을 주고 마음을 열면 사람 냄새 나는 이야기를 봇물 터지듯 쏟아낼 것 같다.

산봉우리 깔딱고개쯤에 이르면 산세와 마을이 한눈에 굽어보는 사방이 훤히 트인 언저리 길이 나온다. 모두 여기서 쉬어갔을 테다. 펑퍼짐한 너럭바위나 나뭇등걸에 걸터앉아 가쁜 숨도 고르고 땀도 식히며 저 멀리 목적지까지 남은 발길을 눈 잣대로 어림짐작들 했을 것이다. 곰방대에 담배 연기 피어나고, 갈까마귀 무리가 눈앞에 날아오르고, 사람 구분도 못 하는 다람쥐는 발아래 넘나들고, 산안개 머물다 간 숲속은 개벽의 아침처럼 청량했으리라. 고달픈 인생살이 한숨도 그 풍광 속에 마음을 내맡기며 삶의 고갯길을 넘어서고 앞으로의 희망도 다짐했으리라.

오르는 것 같지도 않은 오르막길을 따라 나선형으로 한 바퀴 돌다 보면 어느새 산 중턱에 이르고 그 길은 또 천천히 내리막을 하며 다음 능선으로 끝없이 연결된다. 저리 가로질러 가면 빠를 것도 같은데 능구렁이 갈지자 하듯 하나같이 완만한 곡선이고 봉긋한 소녀 가슴처럼 완곡한 오르막이다. 하긴 지름길로 가자고 가풀막진 언덕배기로 위험하게 비탈길을 내면 가마꾼들이 얼마나 힘들고 불편했겠으며 갈 길이 천 리인 나그네도 중도에 쉬이 지쳐 되레 사단이라도

나지 않았을까 염려가 된다. 조금 멀지라도 조금 천천히 가는 것이 기나긴 여정을 중도에서 포기하지 않고 흔들림 없이 갈 수 있는 최선의 방책이었으리라.

눈길을 들어 멀리 보면 거기에 낮은 둔덕이 있다. 언덕을 평평히 고르느라 돌 축대 몇 개가 가지런히 쌓여 있는 것을 보니 아마도 먼 옛적에 사람 손길이 있었나 보다. 무덤 자리였으리라. 세상 풍파를 피해 귀양살이처럼 산속에 숨어 살던 어느 가엾은 가족의 안식처였을까, 상놈과 양반의 신분 차이를 넘지 못한 사랑하는 청춘 남녀의 도피처였을까, 아니면 나라의 변란과 전쟁으로 산골짝으로 쫓기다 죽고 만 어느 이름 모를 병사의 위령처였을까. 세상에서 소외되고 외로운 사람들이었으리라. 장독소래나 사금파리들도 그 고달픈 영혼과 함께 주변 어딘가에 잠들어 있을 것 같다.

그들도 결국은 사랑과 행복에 목매달았을 것이다. 시대를 달리할 뿐이지 사람 사는 이유와 까닭은 과거나 지금이나 매한가지가 아닐까. 현대에 산다고 해서 행복의 관념이나 가치가 더 높아지거나 커지거나 귀해진 것도 아니고, 과거에 살았다고 해서 누추하거나 하찮거나 단순한 것도 아닐 것이다. 어느 세상인들 아픔과 슬픔이 없겠는가. 어떤 의미와 가치를 두고 자기 삶을 행복으로 박음질할 것인가는 각자에게 주어진 짐이고 몫이다. 해답이 따로 있었겠는가. 자기다운 길을 자기답게 당당히 가는 것, 속리(俗理)에서 벗어나 보다 의롭고 자유로운 영혼이 그들의 삶에 증거하였기를 기대해볼 뿐이다.

시간 밖의 시간으로

많은 사람들이 이 길을 걸어왔다. 앞서거니 뒤서거니 다투어 걷지만 결국 끝이 없는 길 위에서 모두 차안此岸에서 피안彼岸으로 돌아갔다. 인생이란 그런 것일 테다. 죽음을 종착지로 어슬렁대며 걸어가는 자연계의 순환일 뿐 시대를 넘어 만고불변의 육신과 영욕을 향유하는 사람은 세상에 없다. 한정된 생명을 가진 존재들 앞에 귀한 자와 천한 자, 잘난 자와 못난 자는 처음부터 없는 것이고 마지막은 하나같이 빈손이고 한 줌의 흙으로 남을 뿐이다.

옛길을 걸으며 마음 한편에 도사린 질주의 본능을 슬며시 내려놓아 본다. 조금 비우면 조금 더 여유로워지기에, 욕심과 이기심들 내려놓고 살라고 그 시인은 인생을 소풍 길에 비유했을 것이다.

거기 빈 의자가 있었다

여름은 메숲지고 웃자란 초목은 풀벌레로 분주하여도 시골 들판은 언제나 여유롭고 한가롭다. 산새들이 제 기량껏 고음을 내지르고 자갈밭 개울물은 아이들처럼 재잘거려도 비어 있는 대지는 공허로 적요하다. 가끔 지나다니는 경운기 탈탈거리는 소리마저도 자연의 일부인 양 정겹고 넉넉하여 어딘가에 풀썩 주저앉아 잠시 쉬어가고 싶은 충동을 불러일으킨다. 의자가 없으면 어떠랴. 참외밭에 깐 지푸라기도, 호박마다 받친 똬리도 그들의 의자라고 불러주던 시인*의 말처럼 자연은 걷는 곳이 모두 길이고 주저앉는 곳이 모두 의자다.

마을도, 인적도 드문 허허로운 시골길을 지나고 있을 때였다. 차창 밖 무심코 눈을 돌린 길가에 의자 두 개가 덩그러니 놓여 있었다.

시간 밖의 시간으로

169

흔한 플라스틱 의자도 아니고 고급 호텔에나 있을 법한 중세 유럽풍의 꽃무늬 의자였다. 잘못 본 것이 아니었다. 바로크 양식의 화려한 문양이 조각된 우윳빛 나무틀에 장미 넝쿨무늬로 곱게 새겨진 고급 천이 눈에 더 도드라져 보였는지 모른다.

산 중턱에 배가 얹혀 있다고 하면 생경하면서도 호기심이 일듯이 들판에 꽃무늬 고급의자가 생뚱맞게 놓여 있는 것도 궁금증을 자아내기에 충분했다. 주변은 일 년 내내 계절이 오고 가는 허허벌판일 뿐 덩두렷한 산과 논밭 외에는 특별한 배경이나 풍광이 있는 곳도 아니었다. 막 촬영을 끝낸 영화 한 장면인 것처럼, 의미 있는 설치예술작품 전시처럼 전혀 어울릴 것 같지 않으면서도 새뜻한 기분이 드는 것도 사실이다.

의자는 우리 주변 어디에서든지 흔히 볼 수 있는 물건이다. 조연이면서도 주연처럼 크게 돋보이거나 눈에 띄지 않으면서도 없어서는 안 될 존재와 같다. 굳이 나서지 않으면서도 묵묵히 자기 자리를 지키는 의자는 육체적 휴식뿐 아니라 긴장을 늦출 수 있는 정신적 위안의 공간이다. '빨리빨리'를 잠시 멈추고 '조금 천천히', '조금 느리게' 가는 시간의 기표記標이자 기의記意다.

때로는 사람을 기다리고 만나는 장소로, 권위의 상징으로, 직업의 자리로, 대화의 장으로, 손이 닿지 않는 높은 곳으로 향한 버팀목의 표상이 되기도 하는 것이 의자다. 삶이 항상 타동사만이 아니라면 그 의자라는 존재가 꿈꾸는 희망의 메시지와 이상을 연결해주는 매

개체 역할로 다가올 수도 있다. 혹, 모른다. 의자를 볼 때마다 누군가에 대한 기억과 그리움, 만남과 이별, 삶과 죽음의 존재가 되어 지난 세월에 대한 애착과 연민의 흔적으로 남아 있을지도.

빈 의자를 보면 어딘지 모르게 삶의 여유와 여백을 느낀다. 비어 있어 외로움이 아니라 비워두어 오히려 내적 충만감과 안정감 같은 것이다. 퍽퍽하게 살아왔던 삶의 무게중심도 낮추고 생채기 난 마음의 안식과 내려놓음의 기회로 삼을 수도 있다. 자식이 어머니의 품에 기대어 위안을 받듯이 땀을 식히고 뒤를 돌아볼 수 있는 쉼터 같은 존재이다. 아무런 생각 없이 멍하니 하루를 앉아 있어도 조금도 지루하지 않을 것 같다.

뺏길까 봐 일어서지 못하는 이기적인 빈 의자가 아니다. 나만을 위한 자리가 아니라 누군가를 위해 비워놓은, 무장과 경계를 허문, '나는 너의 아픔을 알고 있다.'라며 위로와 배려하는 마음이 깃든 빈 의자이다. 지친 몸으로 다가가면 문을 활짝 열어 따뜻하게 반겨주고, 속내 깊이 하고 싶었던 이야기를 들어주고, 언제나 내 편인 양 옆에 있어 줄 것만 같은 의자이다.

누구나 한평생 수많은 의자를 만난다. 학창 시절 교실에서 만났던 나무 의자, 사랑하는 이와 얼굴을 맞대던 식탁 의자, 공원에서 쉬어가던 벤치. 하지만 꼭 그렇게 마음 편한 의자만 있는 것이 아니었다. 입시나 입사를 위해 경쟁을 해야 하거나 지친 몸을 잠시 기댈 버스에서의 빈자리처럼 남보다 내가 먼저 차지하고 싶은 욕심을 부릴 때

도 있었다. 비어 있지 않을 때도 많았지만 나를 기다리고 있었던 것처럼 빈자리가 있을 때는 얼마나 다행스럽고 행복했던가.

저 시골길의 빈 의자는 누구를 위해 가져다 놓았을까. 주변은 논밭에서 일하는 농부나 어쩌다 지나가는 길손 외에는 한적한 곳이다. 설마 근처 논밭 주인이 자기 휴식을 위해 그런 고급의자를 준비하지는 않았을 것 같다. 그렇다고 지체 높으신 양반이 찾아올 곳도 아니고, 지나다니는 승용차가 잠시 정차하기도 불편해서 여행객을 위한 쉼터 자리도 아닌 것 같다.

연유야 따로 있겠지만 내심 엉뚱한 상상을 품어본다. 특별히 누구만을 위한 자리가 아니라 어쩌면 누구나 주인공이 될 수 있다는 혼연한 뜻은 또 아니었을까. 욕망과 권위의 상징으로 존재하는 자리가 아니라 잘났든 못났든, 출세했든 못 했든, 시골 사람이든 도시 사람이든 간에 열심히 살아온 삶 앞에서는 누구나 앉을 자격이 있다는 뜻이 아니었을까. 비록 누군가의 치기일지 모르지만, 세상 살면서 그렇게 삶의 의미와 가치를 명징하게 내세워보는 것도 괜찮은 일이다 싶다.

지나가는 길손이 피로한 다리를 잠시 쉬었다 가면 어떻고, 밭일하던 아낙이 그늘 아래 휴식을 취하면 어떠랴. 어차피 외롭고 지친 자들을 위한 마음의 장소일 것이다. 저 길가의 빈 의자가 결코 쓸쓸해 보이지 않는 것은 떠나지 못하고 남아 있는 자의 애달픔이 아니라 누군가를 맞이하고 위로할 준비가 되어 있는 것 같은 넉넉함으로 다

가왔기 때문이다.

내 마음에도 그런 빈 의자를 두고 싶어왔는지 의심이 든다. 남들 앞에 화려하고 보기 좋은 의자가 되려고만 하지 않았을까. 특별한 이해관계도 없는데 누군가 다가오거나 마음을 터놓으려 살짝 기대는 것조차 거절하지나 않았을까. 나에게 엄격하고 상대에게 온전함을 요구하는 완벽을 내세우느라 남들이 곁에 앉기 부담스러워하거나 돌처럼 딱딱해서 불편한 의자는 아니었을까. 바람 한 점 드나들 수 없는 마음의 벽을 허물지 못해 누군가 주위만 서성대다가 힘없이 돌아서지나 않았는지 모를 일이다.

앞만 바라보고 사느라 비상구처럼 의자 하나 그늘 밑에 내놓을 줄 몰랐고 내 주장으로만 사느라 숨구멍처럼 마음 한구석 비워둘 줄을 몰랐다. 누구에게나 삶의 논리와 이유가 있을 것인데 무엇이든 내 방식, 내 입장, 내 가치대로 해야 직성이 풀렸다. 상처를 받는 것도, 손해를 보는 것도 나부터, 내 처지에서만 따지며 살아오지 않았나 싶다.

사람들은 누구나 자신의 의자를 가지고 있다. 사람마다 모양과 크기가 다르고 놓여 있는 자리도 제각각이다. 어쩌다 다리가 부러진 의자도 있고 힘에 부쳐 삐걱거리는 의자도 있을 것이다. 삶이란 자신의 의자를 만들고 고쳐가며 사는 일이다. 이왕이면 여럿이 앉을 수 있는 긴 의자면 어떨까. 아무리 훌륭한 의자라도 혼자만을 위한 의자는 함께 나눌 여백이 없어 따뜻함이 느껴지지 않는다.

시간 밖의 시간으로

세상이 아무리 어렵고 힘들어도 자신을 알아주고 이해하는 사람이 있으면 또다시 힘을 내는 것이 인간의 본성이다. 빈 의자는 틈을 여는 것이고 곁을 내어주는 일이다. 경계를 지우는 스푸마토 기법처럼 마음의 문을 연다는 뜻이다. 무엇이 기쁨인지, 무엇이 슬픔과 아픔인지 함께하겠다는 것이다. 수혈도 헌혈도 없이, 남의 의자에 앉지도 않고 내 의자에 남을 앉힐 마음도 없이 혼자서만 잘하면 잘 사는 줄만 알았던 지난날이 후회스럽다.

언젠가 차에서 내려 그 빈 의자에 앉아 보고 싶다. 고독한 휴식과 쉼터를 위한 원두막 같은 저 빈 의자, 은자의 침묵 같은 모습으로 변함없이 거기 있어 준다면 고향 가는 이 길이 훨씬 더 유정해지지 않을까.

*이정록 시인 〈의자〉에서 부분 인용.

닭장에서

늦은 별똥 하나가 고요 속에 장쾌한 타구를 그리는 새벽이다. 닭 울음소리가 들린다. 태고의 원시성 그대로인 명징한 음률이 공명을 가로질러 꿈속까지 찾아온다. 횃대에 높이 올라서서 소리꾼처럼 창천으로 목울대를 힘껏 뽑아 올렸다가 오그라지듯 앞으로 뻗어내며 뱃속에 가두었던 모든 울음을 세상 밖으로 토해내고 있으리라. 소음이 아니어서 다행이다. 자연의 소리에 영혼이 맑고 편해진다.

꿈속에서 보았다. 닭장 앞에는 벌써 아버지가 헛기침으로 일과를 시작한다. 달걀 서너 개를 작은 소쿠리에 담은 어머니가 옆에서 하얗게 웃고 있다. 머리에 두른 무명수건 위에 암탉의 속 깃털 하나가 오늘의 노고를 위무하려는 듯 버들강아지처럼 나풀거린다. 잠이 덜 깬 내 손바닥에 달걀 하나가 쥐어졌다. 미소 띤 당신들의 얼굴만큼

시간 밖의 시간으로
●
175

이나 따뜻하고 포실한 감촉이다. 세상을 쫓기듯 살면서 종종 날달걀 몇 개로 아침 허기를 때우던 버릇도 아마 그때의 경험에서 왔을 것이다. 정겨웠던 날들이었다.

눈뜨면 모이부터 찾는다고 사람들이 탓한다. 온종일 땅만 보고 모이만 쫓는 무위의 눈빛이라고 평가절하한다. 아니다. 그들에게도 하늘이 있고 날개가 있다. 하늘 집이 없고 날지 못했을 뿐, 그들의 가슴에도 지평선을 보는 영혼이 있고 창공을 훨훨 나는 기개가 엄연히 있다. 호미를 평생 손에서 놓아본 적이 없는 우리 이모, 없는 것이 죄가 되어 하늘 한번 감히 쳐다보지 못하고 땅만 보고 살았다. 등이 호미처럼 굽어 자유롭지 못한 굴신이지만 그래도 하늘을 나는 꿈은 매일 꾼다.

알을, 생명을 키워내고 있는 것이다. 초승달이 보름달로 변해가는 과학실 전시모형처럼, 좁쌀만 한 달걀의 태동부터 아기 주먹만 한 것까지 크기별로 씨줄처럼 엮어서 뱃속에 가두고 매일매일 생명의 원형을 세상 밖으로 내보내는 중이다. 닭이 해야 할 일은 열심히 먹어서 살을 찌우고 알을 생산하는 것이다. 신으로부터 부여받은 역할과 사명에 조금도 흔들림 없이 충실하고도 근면한 수행이다. 영혼의 지평선은 볼 생각도 않고 땅만 내려다보며 먹잇감만 노리는 인간들의 탐욕과 속악한 물성이 알고 보면 독수리의 병든 눈빛과 별반 다를 바 없다.

노란 병아리들이 태어나 종종걸음 하는 따뜻한 봄날, 알을 품느

라 꼬박 스물한 날을 제대로 먹지도 못하고 둥우리를 지킨 어미 닭을 위해 미꾸라지와 개구리를 잡으러 냇가로 나섰던 시절이 있었다. 몸보신인 셈이다. 어릴 때일수록 더 용감했던 모양이다. 손바닥보다도 더 큰 개구리를 맨손으로 잡아 길바닥에 패대기쳐서 기절을 시키고는 그것을 큰 깡통에 담아 푹 삶아서 닭장 속에 넣어주곤 했다. 까마귀에게는 어미를 먹여 살리는 부자의 효가 있고, 닭에게는 동료를 불러서 모이를 같이 먹는 붕우의 정이 있다고 한다. 누구 덕분인지도 모르고 모두에게 만찬이 되어 날개를 푸덕이며 야단법석이던 모습이 눈에 선하다.

참 부지런도 한 것이 닭의 일상이다. 사방팔방으로 먹이를 찾아 온종일 목을 갸웃대고 뭔가를 쪼아대며 돌아다닌다. 쇠스랑 같은 발톱과 곡괭이 같은 부리로 땅을 헤집어 온갖 먹이를 잘도 찾아낸다. 풀숲을 뒤져 땅강아지나 지네를 잡기도 하고, 땅을 파헤쳐 지렁이와 굼벵이도 끄집어내고, 나무들 사이에서 온갖 씨앗이며 열매를 솜씨 좋게 찾아낸다. 알고 보면 그들의 뱃속엔 꽃도, 풀도, 모래알도, 시냇물도 자연을 고스란히 품고 있는 셈이다. 그 끊임없는 집중력에, 그것은 먹이를 찾는 습관적인 행동이라기보다는 세상살이의 부지런함은 이런 것이라는 일종의 표상으로 단정해두고 싶다.

가시덤불도, 진흙탕도, 땡볕 아래도 망설이거나 피하지 않는다. 곱디고운 여자의 손이 자식을 위해서는 세상에 무서운 것도, 더러운 것도 없는 어머니의 손이 되듯 붉디붉은 벼슬이 허옇게 쪼그라드는

시간 밖의 시간으로

굶주림의 희생도 마다치 않는 어미 닭을 보면 때로는 사람 같은 심성이 느껴진다. 수탉은 역시 가장답다. 맛있고 영양가 있는 동물성 먹이는 자기보다 식구들이 먼저다. 암탉과 병아리들을 보호하느라 멀찌감치 떨어져 의젓하게 지켜보기도 하고, 위험이라도 닥치면 눈을 부라리며 기운차게 달려드는 위용은 내 가족의 안전과 생명을 지키려는 결연한 수장의 모습이다.

닭은 제 모이를 찾느라 열심이지 남의 것을 넘보거나 빼앗으려 하지 않는다. 혼자 먹으려 남을 쫓아내거나 더 많이 차지하기 위해 방어벽을 치지도 않는다. 자기에게 주어진 공간에서, 주어진 능력대로 최선을 다해 노력하는 선하고 여린 집단의 군상임이 틀림없다. 수탉끼리 자신의 용맹과 위세를 겨루기 위한 싸움은 있지만, 먹이를 두고 다툼하는 법은 없다. 사자도 배가 부르면 사냥을 멈추는데, 아무리 넘쳐도 욕심을 채우지 못해 더 많은 먹잇감을 두고 부정과 부조리와 부도덕까지도 서슴없이 저지르는 것이 우리 인간들이다.

세상 누구나 산다는 명제 앞에 부지런하지 않은 사람은 없다. 무슨 일을 하건 그게 살아가는 당위성이고 자기 삶의 정당성이겠다. 하지만 결과가 아무리 화려하고 찬란하다 할지라도 그 과정이 맑고 올곧지 못하면 비록 자기에게는 훌륭한 처세였을지 모르나 남 앞에서 아름다운 모습은 되지 못한다. 무릇 박수와 감동은 그 사람의 결과가 아니라 행적으로 추적되어야 할 것이다. 인간다움으로, 성실하고 정직한 자는 그 삶이 곧 하늘의 마음이겠다. 보잘것없고 평범해

보일지라도 삶의 진정한 행복과 평화가 그들의 세계에 천상의 낙원
처럼 만연하리라 믿는다.

며칠 있으면 멀리서 친구가 올 것이다. 각다분한 인생살이 위안
삼아 기르는 닭 한 마리 잡아 대접할 것이다. 모두 통통하게 살찐 닭
들에게 어찌 순서가 있을까 마는 혹시 그중에서도 수고 없이 남의
먹이에 눈독을 들이거나, 힘만 앞세워 약한 상대를 괴롭히는 닭은
없는지 눈여겨 보아두어야겠다. 여기 닭장에서는 내가 주인이다.

겨울 아침에

낡은 창틀에 밤새 눈보라가 일더니 산골의 아침이 백설경광이 되었다. 고요를 품은 여린 햇살이 세상 소음과 번잡들을 침묵으로 거둔다. 뻐꾸기 울음이 벌거숭이 메아리가 되어 무심하게 들려온다. 바람 소리, 새소리, 고드름 열리는 소리. 여기서는 그것도 적막이다. 여유고, 여백이고, 해방감이다. 이 기막힌 정적을 깨뜨리고 싶지 않은 조심스러움. 방해 없이 혼자였기에 참으로 다행이다.

산등성 맵짠 바람에 새 떼들의 날갯짓이 위태롭다. 밤새 설풍에도 꿋꿋하게 매달려 있는 샛노란 모과들이 하얀 화폭에 병아리 물감 떨어뜨린 것 마냥 정겹고 포근하다. 눈 고물을 잔뜩 끼얹은 목련 봉오리가 꽃 핀 봄철보다 화사하다. 보릿고개 쑥버무리 밥상처럼 밀가루 포대를 잔뜩 뒤집어쓴 소나무가 잔웃음을 부른다.

허석 수필집

세상이 가까워졌다. 속살 드러낸 나목들 사이로 사위가 뻥 뚫린 덕분이다. 산모롱이 신작로, 개울가 웅크린 바위, 숲속 외신 오솔길이 줌렌즈로 당기듯 눈앞에 다가온다. 처음 본 듯 왠지 낯선 형상들이다. 장막 같은 녹음이 사라지자 미처 알지 못하고, 평소 깨닫지 못했던 실체들이 제 모습을 드러낸다. 그들도 나를 보고 나도 그들을 본다. 뭔가 교감과 소통의 통로가 열린 것 같다. 햇살을 막지 않아 겨울엔 그늘이 없다. 바람 속에 놓인 것은 모두 알몸들이다.

겨울나무는 투명하다. 목탄으로 그린 데생처럼 단순하고, 숨겨둔 사랑의 고백처럼 진술하다. 허장성세나 허식이 없다. 가벼워지는 것은 나를 버리는 일이다. 꽃도 잎도 다 버리고 최소한의 부피와 최적의 무게로 남았다. 제 요량대로 사방팔방 뻗어나간 가지들이지만 균형과 조화미는 완벽하다. 벼랑 끝에 등 굽은 나무일지라도 그 무게 중심은 정확하다.

지난여름은 두려웠다. 그 짙푸른 숲의 위세 앞에서 새파랗게 질려 있었다. 갓맑은 신록의 싱그러움과 따사로움은 여름 한가운데서 길을 잃고 말았다. 하루가 다르게 번창해 가는 숲은 한 치 앞도 보이지 않는 빈틈없는 공간을 만들어 숨이 막힐 지경이었고, 예외 없이 오직 청자색으로 도배되어버린 세상은 그 획일성과 편협함에 기가 질릴 뻔했다.

죽기 살기였다. 한 뼘 땅, 한 줄기 빛, 한 줌 물을 차지하기 위해 전력투구했다. 생존을 위한 냉혹한 경쟁, 무한대의 성장과 탐욕이

거름 독 오른 초록의 장막 뒤에 서성거렸다. 앞서야 하고, 이겨야 하고, 뺏어와야만 했다. 모두가 전투병이고 점령군이었다. 꽃은 꽃답고, 풀은 풀다우면 되는 것을 천년만년 거목이라도 되려는 양 쫓고 쫓기며 모두가 내달렸다.

모두가 혼자만의 세계였다. 서로에게 이익이 되는 이유만 존재할 뿐 희생과 양보와 배려는 성장 앞에 거추장스러운 일이었다. 황소 콧김 섞인 흙냄새도 없었고 아시잠에 꾸벅이는 뭉게구름도 보이지 않았다. 꽃도 피우고 열매도 맺었지만 모두 나만을 위한 것이었다. 결국 살아남았지만 내심 행복했는지는 도무지 알 수가 없었다.

삶에 잘못은 없겠다. 빛 없는 음지에도 잡초가 있고, 흙 없는 바위 틈에도 나무가 자라듯 누구에겐들 살아내야 한다는 전제 앞에서 치열해질 수밖에 없었겠다. 헛된 욕망과 부질없는 꿈도 있었겠지만, 그 과정과 수고만으로도 세상살이는 충분한 일이 아니었을까. 삶이란 그렇게 달려가고, 멈추고, 되돌아보고, 또 달려가면서 형형색색 자기들만의 모양을 만들어가는 모양이다.

나이가 들었다. 얼마나 열심히 살았는지보다 어떻게 열심히 살았는지의 후유증만 남겨졌다. 인생 앞에서 성공과 실패의 구분은 없을 터, 행복은 자기만족이지 비교 대상은 아닐 것이다. 여름은 여름대로, 겨울은 겨울대로 자신의 의미와 가치는 분명하다. 그렇기에 겨울은 봄을 위해 존재하는 계절만은 아닌 듯하다. 잠깐의 휴식기도, 내일의 동안거도, 새 생명의 잉태를 위한 정중동의 준비기도 아닌

인생의 완성기인지도 모른다. 진정한 삶이 꽃피는 계절이다.

마음을 비우고 욕심을 내려놓아야 하는 시간이다. 용서하고 아물어가는 성숙과 발효의 계절이다. 겉으로 화려한 치장보다 안으로 더 향기롭고 아름다워져야 하는 순간이다. 너그럽고 지혜롭게 살아가는 삶, 앞으로 내게 주어진 소중하고 중요한 일이 무엇인지 깊이 생각해보아야 할 겨울이다. 얼마나 자신의 생生에 당당함과 충만감을 누리고 사는지에 잘 살고 못 살고가 달린 길목이다.

저 멀리 산복도로에 하늘색 시골 버스가 가다 말다를 반복한다. 산동네 여기저기서 눈 더미를 헤치며 손님들이 나타난다. 버스가 멈출 때마다 젊은 운전기사가 바깥으로 황급히 뛰어내린다. 노인들의 오일장 보따리 짐도 받아 들고 손을 맞잡아 조심스레 차에 태우느라 이 아침에 혼자 분주하다. 꽃보다 아름다운 친절이 또한 이 계절에 있다.

시간 밖의 시간으로

승용차를 주차하고 아파트 출입구로 다가갔다. 두꺼운 유리문 너머 한 아이가 계단을 내려와 신나게 뛰어온다. 현관 자동유리문 앞에서 멈칫하는가 싶더니 "쿵" 하고 이마를 찧고는 뒤로 벌렁 넘어져 서럽게도 운다. 유리문을 못 본 것이 아니라 자동으로 열리는 문의 시간보다 자기의 시간이 더 빨랐기 때문이다. 이마가 아픈 것보다 시간이 너무 늦게 가는 것이 더 답답한 모양이다. 어린아이들은 사람의 시간이 아니라 자연의 시간을 갖고 산다.

한여름에는 요즘도 DDT 방역차가 골목을 다닌다. 방역차 뽀얀 연기 속을 두 팔 휘저으며 '신나게 달리던 아이'였던 낯익은 추억이 떠오른다. 하지만 시간의 꼼수를 알아버린 늙은 아이들은 이제 뛰지 않는다. 시간이 동무하며 걷던 꿈 많은 청춘도 한때일 뿐, 신발 끈

고쳐 맬 틈도 없이 평생 앞서만 가는 시간을 뒤쫓으며 살아야 했다.

누구나 자기의 시간을 갖고 산다. 어른은 어른의 시간이 있고 아이는 아이의 시간이 있다. 과거는 과거대로, 현재는 현재대로 어제와 오늘의 시간이 존재한다. 도시와 시골의 시간이 다르고 너와 나에게 주어진 직업에 대한 시간이 다르다. 성격이 급한 사람은 놀아도 항상 바쁘고, 세상일에 별 욕심이 없는 사람은 그만큼 느긋한 시간을 갖고 산다.

같은 시간이라도 상황에 따라, 마음가짐에 따라 고무줄처럼 늘어나고 짧아진다. 도시에서 한 정거장 가는 시간이면 시골에서는 축지법처럼 몇 개의 봉우리를 넘어 다른 마을에 도착한다. 겨울이 지나가기도 전에 봄옷부터 꺼내놓는 아내지만 아들 녀석은 초여름이 되도록 겨울옷을 고집했다. 하기 싫은 일은 1분이 1시간처럼 지루하지만 좋아하는 일은 1시간이 1분처럼 짧기만 하다.

자연의 시간은 언제나 흐르고 있지만 우리는 시계와 달력을 통해 인간의 시간으로 만들어 살아간다. 태양력이니 태음력이니 달과 날짜로 쪼개고 초 단위의 오차까지도 계산해서 한 치의 틈도 주지 않는다. 세상에 영원히 존재하는 것도, 영원히 변하지 않는 것도 시간뿐이다. 어디에나 있으나 어디서도 보이지 않는다. 되돌릴 수도, 늦출 수도, 멈추지도 않고 멈추게 할 수도 없다.

속도로 대변되는 현대사회는 누구에게나 '시간이 없다.'라는 것이다. 앞만 보고 달려가는 경쟁 사회는 촌각의 해찰도 용서하지 않고

시간 밖의 시간으로

185

서로 쫓고 쫓기는 세상을 만들었다. 속도가 목적이 되어버린 세상을 당연한 것처럼 누구 하나 의심하거나 거부하려는 사람이 없다. 바쁘게 살면 마치 시간을 아껴 저축이라도 해두는 것처럼 남들이 가니까 끝까지 가보자며 '오늘'을 허둥대며 살아가고 있다.

바쁘다는 핑계로 꽃이나 나무, 가족이나 친구들을 돌아보는 것은 계속 '내일'로 미룬 채 살았다. 의식하지 않아도 시간은 덜 잠가놓은 수돗물처럼 "뚝뚝" 소리를 내며 흘러갔다. 그러는 사이 아이는 자라 혼자서 청년이 되어버렸고, 꽃잎처럼 화사했던 아내의 얼굴도 주름살이 생겼다. 몸은 시간이 흐르는 것을 알고 있었지만 내가 없는 마음의 시간은 아무런 추억도, 흔적도 남기지 않았다.

태양을 향해 달려가는 이카로스처럼 세상을 다 소유할 수 있을 것 같았던 젊은 시절이었다. 남보다 앞서가야 하고, 어떻게든 이겨야 하고, 무엇이든 뺏어와야만 하는 강박관념에 사로잡혔던 날들이었다. 효율과 합리, 가성비로만 세상이 움직이는 줄로만 알았다. 부와 권력, 명예나 명성 등에 대한 집착은 또 집착을 낳고 욕심은 또 욕심을 부추기며 살았던 지난날이었다.

처음부터 나름대로 꿈꾸던 삶의 방식과 성향, 해보고 싶은 일은 있었다. 그러나 가족과 주변의 시선과 기대에 부응하느라 용기를 잃고 엉뚱한 길을 걸을 수밖에 없었다. 남의 옷을 입은 것처럼 불편했지만 남들도 다 가는 길이기에 의심할 필요도 없었다. 참고 견디는

노력이 따랐기에 어느 정도 성취하고 인정받는 결과를 주기는 했지만 마음은 늘 불안하기만 해서 건공중에 떠다니는 영혼 같았다. 무엇이 행복한 일인 줄도 모른 채 열심히만 살면 잘 사는 것인 줄만 알았던 건조한 시간이었다.

이제, 세상의 바깥으로 벗어나 시간 밖의 시간으로 산다. 젊지도 늙지도 않은 어느 한순간에 삶의 목적과 방향이 확연히 다른 길을 가게 되었다. 돈을 많이 벌어야겠다거나, 더 성공해야겠다는 피상적 목적의식도 없어지고 사람들 많은 곳에서 어울려 살아야 제대로 사는 것 같은 의존적이고 도시적 관념도 없어졌다. 이것과 저것, 옳고 그름, 어둠과 밝음을 구분해내느라 괜한 감정에 사로잡혀 괴로워했던 저편의 시간은 물거품처럼 사라졌다.

시간 밖의 시간은 치열한 삶에서 벗어나 은퇴의 나이가 된 시점일 수도 있고, 목적론적인 세상 안과 밖의 경계일 수도 있고, 행복한 삶에 대한 인식의 차이일 수도 있고, 현재의 나 자신의 모습을 다른 관점에서 바라본다는 의미일 수도 있다. 지금까지 살아온 것을 반성하고, 그동안 무사히 살아온 것에 대해 감사하는 시간인지도 모른다.

무엇보다 나를 위해 사는 시간임은 분명하다. 남이 아니라 나를 위한 시간, 겉이 아니라 속을 들여다보는 시간, 속도가 아니라 방향에 중심을 둔 시간이다. 끌려다니는 것이 아니라 내가 시간의 주인이 되어 나 자신에 집중하며 사는 삶이다. 자신에게 솔직하고 당당해지려고 한다. 마음의 여유를 갖고 모든 일을 쉽고 간단하고, 그리

시간 밖의 시간으로

고 천천히 산다.

지족지부知足知富인 듯 물건이든, 사람 관계이든 꼭 필요한 만큼만 한다. 그렇다고 해서 세상이 살맛이 없거나, 술에 의지하거나, 고독하거나 외로움에 몸부림치지도 않는다. 남에게 사랑받고 미움받는 것도 신경 쓰지 않고, 다른 사람에게 잘 보이거나 뭘 맞춰 준다는 생각도 하지 않으니 마음이 홀가분하다. 순전純全한 삶, 자신에게 충실한 삶이 이 세상을 살아가는데 가장 강력한 무기일지도 모른다는 생각을 한다.

자신에게 강해지려고 한다. 강하다는 것은 이를 악물고 세상을 이겨낸다는 것이 아니라 내 삶을 내 것으로 살고자 하는 의지이다. 남과 비교하지도 말고 비교당하고 싶지도 않다. 누구에게도 휘둘리지 않고, 어느 것에도 함부로 뿌리내리지 않고, 무엇에도 나 자신을 포기하지 않겠다. 옳고 그름의 지혜보다 좋고 나쁨의 감정으로 단순해지려 한다. 자유란, '하고 싶은 일을 하는 게 아니라 하기 싫은 일을 하지 않는 것'이라는 말을 명제로 삼는다.

자연처럼 흘러가는 대로 산다는 것은 선악도, 시비도, 호오도 따지지 않는 일이다. 높고 낮음, 잘나고 못남, 있고 없고의 구별과 차이를 떠난 삶이다. 자연은 존재할 뿐이지 누구에게도 간섭하지 않는다. 부러워하거나 시샘, 질투할 일도 없다. 그렇다고 누구의 명령을 받들거나 어떤 의무에 구속당하지도 않는다. 내가 할 수 있는 일만 하며 살다 보면 저절로 삶이 자유롭고 편안해질 수밖에 없다.

허석 수필집

하루의 계획도, 목적도 세우지 않는다. 순간순간 일어나는 일들을 마음으로 느끼고 '할까?' 하는 순간의 의시로 움직인나. 배고프면 밥먹고, 더러우면 청소하고, 바람이 그리우면 들길을 걷는다. 무슨 일이 생겨도 조급해하거나 안달하지 않는다. 그보다 더 힘든 일도 겪어온 삶의 과정이 있지 않았냐고 자신에게 되물어보면 자연히 별것도 아닌 일이 된다. 게으름을 피워도 뒤처지는 일이 없고, 땀을 적셔도 힘들다는 생각이 들지 않는다. 시계를 보지 않아도 자연의 일과를 맞출 수 있고, 서두르지 않아도 해야 할 일은 다 하고 산다.

나이는 기억하지 않으려 한다. 얼마나 살고 죽느냐는 직선적인 시간일 뿐이다. 얼마나 자유롭게, 얼마나 자신의 삶에 몰입한 삶을 살았는지, 얼마나 생의 포만감을 누리고 사는지에 오래 살고 덜 살고자 달렸을 뿐이다. 그렇게 살려고 마음먹은 것이 아니라 몸과 마음을 내려놓으니 저절로 그렇게 된 것이다.

시간은 현재에만 존재한다. 영혼의 세계에는 시간이 없다. 시간이없는 삶은 무의미하다. 모든 생명은 잉태되면서부터 시간의 마술에걸려든다. 좋은 시절은 짧고, 아픔과 고통의 시간은 긴 것이 인생이다. 어디서, 무엇을 하며 살아야 하느냐가 중요한 것이 아니었다. 얼마나 기쁜 마음으로, 어떤 방식으로 자신의 삶을 살아가느냐의 문제였다. 행복의 지름길이 따로 없는 것 같다. 바쁜 시간보다 풍요로운시간을 진작 만들었어야 했다.

시간 밖의 시간으로

파리잡이 끈끈이

무조건 밉고 싫은 존재가 세상에 하나 있다. 파리란 놈이다. 피부에 닿는 그 갈퀴 같은 빨판의 불쾌한 흡착과 낯선 이물감, 사람의 신경을 예민하게 자극하는 부산스러운 움직임과 잔망스러운 무게감 때문에 모른 척 외면할 수만은 없어 사뭇 짜증스럽다.

집요하다. 제 딴에도 목표물이란 게 있는지 한 곳에 집중하면 쫓아도 멀리 달아나지를 않는다. 사납게 내치는 인간의 손길을 널뛰기하듯 살짝 피하는 그 밉살스러운 동작 하며, 눈이며 입가며 막무가내로 날아드는 그 경망함이며, 본능인지 습성인지 제자리 돌아오기를 무한정 반복하는 그 고집스러움이 사람을 여간 성가시게 만드는 것이 아니다. 하긴 뇌가 없는 파리로서는 배려나 예의 같은 게 처음부터 없었겠지만…….

그 영악함도 인정한다. 여간해선 잡히지 않을 만큼 민첩하기 이를 데 없고, 날개를 가졌답시고 사유사새로 비행을 해서 원하는 곳은 어디든 제일 먼저 나타난다. 경쟁심이 많아서인지 가만히 기다리는 경우도 없고, 누군가 가까이 다가서면 잔뜩 몸을 움츠려 달아날 준비부터 할 만큼 경계심도 탁월하다. 남보다 앞서가야 하고, 어떻게든 이겨야만 하고, 무엇이든 많이 가져야만 직성이 풀리는 승자경쟁의 세상이 그곳에도 있다.

한여름의 달콤한 오수를 그놈에게 매번 시달릴 수만은 없다. 번개처럼 손으로 뿌리치기도 하고 참다못해 벌떡 일어나 파리채를 들고 득달같이 내려치기도 하지만 몇 번 그러다 보면 파리와 실랑이를 하느라 결국 낮잠만 애꿎게 달아나고 만다. 언젠가는 요절을 내리라, 남은 것은 불타오르는 적의뿐이다.

유혹하기로 했다. 마냥 그들의 꽁무니를 쫓아다닐 수만은 없어 파리잡이 끈끈이에 먹을 것을 냄새로 풍겨 그들의 식탐을 자극하기로 했다. 저 넓은 방 안의 파리들이 손바닥만 한 저 작은 끈끈이 위에 과연 빠져들까 반신반의했지만, 욕심이라는 것은 그 어떤 생명체에게도 존재하는 본성이었는지 외출했다 돌아와 보면 눈에 띄게 사로잡혀 요동들 치고 있었다. 불시착의 비행인지, 탐욕의 불운인지 순간 궁금해진다.

이제 막 끈끈이에 빠진 놈이 있다. 도대체 이게 무슨 조화인가 싶을 것이다. 늪에 빠진 몸이 점점 수면 아래로 끌려들어 가는 것처럼

끈끈이에서 떨어지지 않는 자기 다리를 두고 적잖이 당황하고 있음이 분명했다. 자신이 저지른 공과를 미처 예단하지 못했거나, 설마 나에게 그런 불상사가 있으랴 신의 은총을 착각한 결과이었으리라.

용을 쓴다. 온몸에 힘을 주어 앞다리를 쭉 내뻗으며 힘차게 비상하기 위해 날개를 파르르 떨기도 하고, 이번에는 반대로 엉덩이를 치켜들고 뒷다리를 뽑아내려 몸을 앞쪽으로 깊게 쏟뜨리기도 한다. 발을 묶인 채 길가에 펄럭거리는 바람 인형을 보는 것 같다. 좌우로 황급히 사지를 뒤틀어 혹시나 반사적인 빈틈도 노려본다. 세상에 이렇게 전신으로 힘을 쏟아본 적이 있을까. 원초적이고 본능적인 생존의 욕구이긴 하지만 쓸모없는 파리에게도 생명에 대한 애착이 저리 절실한 것이다.

소용이 없다. 몇 번을 시도하다가 결국 탈진 상태가 되어 몸도 날개도 끈끈이 속으로 고꾸라지고 기울어져 서서히 잠겨간다. 여기저기서 마지막 몸부림을 치느라 움찔대는 모습이 죽어 널브러진 전쟁터 시체들 사이에 패잔병의 절규처럼 사뭇 처량한 순간이다.

한편으론 가엾다. 그래도 살아있는 목숨인데, 다 제 가진 재주대로 살아보겠다고 한 처사였을 텐데 부지불식간에 함정에 빠지고 올가미에 걸려든 꼴이 되었다. 지난날에 후회라도 있는 것인지, 열심히 살아온 죄밖에 없다고 세상에 항변이라도 하고 있는지 모르겠다. 그렇지만 고소하다. 그렇게 탐욕을 앞세워 세상일을 혼자 잘난 체, 오만하고 교만하기 이를 데 없이 헤집고 다녔으니 그에 대한 응징이

고 결말인 것 같아 오히려 위안이다. 과유불급인 것처럼, 남의 불행을 나의 성공으로 바꾸고지 하는 비열하고 비겁한 영혼과 뭐가 다를 바가 있겠냐고 되묻고 싶은 것이다.

저것 봐라. 그중에도 신중하고 조심스러운 놈이 있다. 의도적인지 습성인지, 함부로 몸을 끈끈이 속으로 빠뜨리지 않고 주변으로만 배회하며 호기심에 슬쩍슬쩍 건드려만 보는 용의주도함이라니. 삶과 죽음의 절묘한 운명의 순간이다. 그 살아남은 자에게 또다시 적개심이 인다. 부정직하고 비양심적인 짓을 하고도 응당 치러야 할 파멸의 대가를 요령 있게 피해 가는 것 같아 은근히 부아가 돋는다. 질투다. 권선징악의 묘한 보상심리가 스멀스멀 솟구친다. 어떻게든 끈끈이 속으로 빠뜨려야 마음이 후련해질 것 같아 손으로 부추겨 은근히 유도를 한다. 싫은 것은 싫은 것이다.

세상과 적당히 타협하고, 적당히 속임수를 쓰면 남보다 앞서가고 쉽게 출세할 수 있다는 것은 누구나 알고 있다. 조금은 불공평하고 불평등한 방법일지라도, 조금은 남에게 피해를 주고 힘들게 할지라도 그 대가는 곧 자신의 이익과 성공으로 연결된다는 것도 알고 있었다. 알고 있지만 모른 체했을 뿐이고, 요령 없고 셈이 느려서가 아니라 다만 그렇게 살고 싶지 않았던 사람들이 대부분이다. 착하지 않으면 마음이 평화롭지가 않고, 정직하지 않으면 마음이 정갈해지지 않는 그런 순후한 사람들이 있기에 세상은 그래도 살아볼 만한 곳이라고 누군가 말했으리라.

끈끈이 위에 파리들의 무덤이 하나씩 늘어날수록 방 안에 파리들은 한 마리씩 줄어든다. 세상일도 그렇게 단순히 상대적인 문제라면 쉽게 해결책이라도 있겠지만, 자연계는 무한정 확대재생산과 소멸이 반복되는 곳이어서 이상과 현실은 언제나 현재진행형일 뿐이다. 다만 내가 가깝게 알고 지내는 사람, 살고 있는 이웃, 무엇보다 나 자신의 삶에서라도 그 의식이 청명하기를 기대해보는 것이다.

둥지, 나를 내려놓다

산어귀 미루나무 꼭대기에 까치가 집을 짓느라 분주하다. 지난가을 짝을 이뤄 사랑에 빠진 까치 부부가 산란을 위해 새집이 필요한 모양이다. 희망의 집인 셈이다. 엄동설한부터 시작한 기초공사가 초봄에 들어서야 완공의 결실이 보인다. 굵고 단단한 나뭇가지로 골조를 세우더니 해토머리 새싹 잔가지를 엮어 커다란 밤송이처럼 쌓아 올렸다. 빗물에도 새끼가 젖지 않도록 틈새는 부드러운 풀이나 냇가의 찰진 흙으로 꼼꼼하게 메웠다. 그들에게 딱 필요한 만큼의 단칸방이다. 차디찬 허공을 가로질러 수백 번 재료를 주워 날라 만든 둥지이다.

알을 낳고 새끼를 기르며 가족이 깃들이는 곳이다. 외부의 위험으로부터 식구들을 보호하고 먹고 자고 생활하는 필수적인 주거공간

이다. 우리가 몸담고 부대끼며 사는 공간, 우리 삶의 배경이자 중심인 그곳, 집은 형태와 장소이자 살아가는 이유이며 의미가 되기도 한다. 알에서 깨어난 새는 그 둥지에서 편안하고 안전하게 성장하여 힘찬 날갯짓으로 자신의 세상을 향해 비상할 것이다.

예전에는 사람 사는 집도 새처럼 둥지 같았다. 그때의 집은 자연과 인간이 더불어 살며 안과 밖의 경계가 따로 없었다. 새벽을 알리는 장닭 울음소리와 함께 담장을 넘나드는 새들은 돌확 주위를 종종거리고, 나지막한 돌담에 호박넝쿨 부지런히 뻗어나가고, 양철지붕을 타고 내리는 빗방울 속에 세상 풍경이 나타났다 사라지곤 했었다. 집은 안식처였고 자연은 놀이터였다. 크고 작다거나, 좋고 나쁘다거나 구분이 없었다. 초가삼간이라도 산 같은 웅대함이 있었고 불편하기 그지없어도 어머니 같은 포근함이 있었다. 그야말로 보금자리였다.

집이 없어진 세상이다. 사방이 벽으로 둘러싸여 교도소처럼 갇혀버렸다. 비가 오는지 눈이 오는지도 모르고 사람 사는 인기척도 들리지 않는다. 언젠가부터 집은 사회적 가치와 부의 기준을 앞세워 사람 사는 집의 소중한 의미를 잃어버렸다. 신분과 계급의 표지이고 차별과 분별의 표상이 되어버렸다. 나 자신에게, 가족에게 얼마나 평안하냐가 아니라 사회생활에 얼마나 편리하냐의 잣대로만 열려 있는 집이다. 돈에 따라 언제든 옮길 수 있는 우리는 한곳에 마음 편하게 정착하지 못하는 유목민의 삶이 된 것은 아닐까.

허석 수필집

내 집에서 살면 좋겠다는 생각을 오랫동안 하고 살았다. 집이 없어서가 아니었다. 4형제의 상남인 탓에 결혼해서도 서울살이를 하는 동생들과 한집에서 생활하느라 불편이 컸기 때문이었다. 오랜 시간이 지나 동생들이 하나둘 결혼 후 분가를 할 때쯤에는 시골의 부모님이 상경하셔서 또 함께 살았다. 하숙집 같았고 임시로 잠시 머무는 간이역 같았다. 작고 아담할지라도 독립적인 '우리'만의 공간을 갖고 싶었다. 분가해서 내 식구하고만 살면 더없이 오붓하고 행복할 수 있을 것 같았다. 주택이 아니라 둥지며 보금자리를 갖고 싶었다.

이상적인 집을 꿈꾸었다. 몸의 쉼터이고 마음의 숨터이기를 기대했다. 내가 어떤 무람없는 짓을 해도 흉이나 흠이 되지 않고, 누구로부터 간섭을 받거나 눈치도 보지 않는 집이었으면 했다. 바깥에서는 힘들게 일해도 집에 돌아오는 순간 오롯이 나다운 공간을 만끽하며 위로받고 싶었다. 그 배경 속에 가족이 있고 시간과 공간과 풍경, 웃음과 미래와 이야기가 잉태되기를 바랐다. 가족의 역사와 추억이 있어 함부로 고치거나 부술 수 없는, 오래 묵은 손때와 흔적이 새것보다 더 좋은, 아무리 멀리 떠나 있어도 언젠가 되돌아가고 싶은 그리움이 있는 집이면 좋겠다고 생각했다.

오랜 세월이 지나 어렵게 분가를 했다. 그런데 기분이 이상했다. 우리 가족만이 사는 집, 오로지 내 힘으로 구입한 집이라 더할 나위 없이 만족했음에도 불구하고 마음 빈자리는 여전히 그대로였다. 몸과 습관은 편리함에 익숙해져갔지만 그렇다고 마땅히 편안하다거나

시간 밖의 시간으로

행복하다는 것과는 거리가 있었다. 내 집을 갖고서도 남의 집처럼 마음은 늘 안착하지 못하고 언제든지 떠날 채비를 갖추고 있는 것처럼 풀지 않은 이삿짐 같았다. 둥지에 살면서도 남의 둥지인 듯 불안한 기분이었다.

어느새 은퇴 나이를 지났다. 바쁜 생활도 없어지고 앞만 보고 달리던 인생길도 가끔 되돌아보곤 하는 나이가 되었다. 욕망이나 집착도 줄어들어 내게 지금 필요한 것과 필요하지 않은 것의 분별도 눈에 들어오기 시작한다. 고급스럽고 멋있는 것에 유혹당하지도 않고, 가진 것 잃을까 봐 두려워하지도 않고, 경쟁에서 뒤처질까 봐 조바심 내지도 않는다. 남에게 보이기 위해서가 아니라 나를 위해 사는 삶이 된 모양이다.

이제는 자식들도 분가하고 홀로 산다. 시골의 작은 촌집이라 소소한 것 하나도 일일이 직접 손보아야 한다. 그런데도 마음은 편하다. 혼자 있어도 외롭지 않고 불편해도 귀찮지가 않다. 가능하면 쉽고, 간편하고, 천천히 살려고 한다. 너무 빨리 달려 내 영혼이 따라오지 못할까 봐 가끔 말에서 내려 되돌아본다는 인디언처럼 산다. 알고도 모르는 척, 듣고도 못 들은 척 세상에 여유를 부릴 줄도 안다.

게으름 피우고, 낮잠 자고, 공상에 잠기고, 책 읽고, 멍하니 하늘 쳐다보고, 고독도 즐기고, 좋아하는 음식도 만들어 먹으며 단순한 일상을 즐기며 산다. 모든 시간이 오롯이 나에게만 충실하다. 그동안 살면서 가끔 울고 싶은 적도 있었고 나만의 동굴에 들어가 잠시

나를 추스르고 싶을 때도 있었지만 이제야 가능한 일이 되었다. 내가 살던 곳, 내 자리기 고통도 구속도 아니었지만 너를 위해 시간을 낼 수 없었다는 것이 내 삶을 은연중에 속박하고 있었던 것이 아니었을까 짐작해본다. 작고 불편하지만 아쉬움이 없는, 지금의 생활이 내 집은 아니어도 오히려 내 집처럼 편하다.

그 편함이 혼자만의 생활이거나 시골에 살아서가 아님을 안다. 까치가 둥지에서 새끼를 보호하고 키우는 것처럼 그 책임과 역할에 사뭇 긴장하며 사느라 마음의 짐을 내려놓지 못한 것이 아니었을까 한다. 지나온 세월 발버둥 치며 살았다고 후회할 필요는 없을 것 같다. 지금 느끼는 안식과 여유도 땀 흘려 일한 뒤에 오는 달콤한 휴식처럼, 그렇게 악착같이 살아내는 과정이 있었기에 모두 내려놓고 조금은 담담하게 내게로 돌아설 수 있는 것 아닐까. 오늘의 나를 있게한, 가족과 함께하는 성장 과정마저 없었다면 세상살이에 공짜로 탑승한 승차권처럼 무의미하지 않았을까 싶다.

내 집, 좋은 집, 편리한 집이 문제가 아니었다. 비싼 것보다 내게 귀한 것이 명품이 되듯 지나온 모든 일상의 일들을 내가 가질 수 있는 행복으로 받아들이지 못했던 마음가짐이 문제였다. 집에 기대했던 욕망을 비워내고 그 자리에 내 삶에 의미와 가치 있는 것들이 무엇이었는지 반추해보는 나날이다.

문問, 문門을 열다

닫혀 있는 문이다. 아니, 열리지 않는 문 속에 산다. 소통이 없는 문의 안과 밖은 다른 세계, 너와 나, 관계의 단절로 이어져 서로가 서로를 들여다볼 수 없다. 높은 담장으로 둘러싸여 있거나 아파트 현관문처럼 견고한 벽으로 가로막고 있어서 허락 없이는 한 발자국도 자기 영역을 침범할 수 없는 문이다. 통로가 되어야 할 문이 움직이지 않는 경계가 되어버렸다.

시골에 거주할 때였다. 조용하고 한적하게 지낼 곳을 찾아다녔는데 마음에 든 집이 그랬다. 사람이 지나다니는 큰길 쪽은 아래채가 성벽처럼 둘러쳐져 있고 대문은 일부러 숨겨둔 것처럼 좁다란 골목 안쪽에 나 있었다. 집 내부가 다른 사람에게 전연 들여다보이지 않고 집 안에서도 바깥이 전연 보이지 않아 남을 의식할 필요가 없는

허석 수필집

200

구조였다. 주변에서는 아래채를 허물고 길 방향으로 나지막한 담과 대문을 내라고 권유하지만 집이 남의 시선으로부터 차단된 그 자체, 내가 무슨 짓을 하는지 아무도 모르는 공간, 사실은 그렇게 은폐된 집이 좋았다.

혼자서만 잘 살면 되는 줄 알았다. 수혈도, 헌혈도 없이 남에게 피해만 주지 않고 살면 그만이라고 생각했다. 인생은 어차피 혼자 가는 길인데, 내 삶을 누가 대신해주는 것도 아닌데 남과의 친숙한 어울림이 뭐가 그리 필요하겠느냐고 따졌다. 가능하면 남에게 의지하거나 누구의 도움도 받지 않고 단독자이며 독립자로서 능동적이고 주체적인 삶을 꿈꾸었다. 아파도 아프다고 말한 적도 없고, 슬퍼도 슬프다고 내색한 적이 없었다. 나를 드러내고 싶지 않은 적빈한 삶은 고통과 상처도 혼자서 삭여내는 데 익숙해져 갔다.

세상도 그런 식이었다. 언제나 방관자였지 참여자는 아니었다. 어쩌면 유아기적 낯가림이나 소아병적 자존감의 한계를 아직 청산하지 못했는지도 모른다. 용기가 없는 것은 아니지만 완벽과 최고이고자 하는 욕심에 남의 평가나 시선이 부담스러웠다. 흉이나 흠이 될지 모르는 위험부담은 차라리 피하는 게 나았다. 주목받는 사람이되고 싶은 욕심은 있지만 무대 위의 주인공과는 다른 것이었다.

박정하고 용렬하기 짝이 없었다. 남의 이해와 관심을 위탁하지 않은 만큼 남에 대한 배려와 호의를 베푸는 데도 인색했다. 그들의 아픔과 슬픔을 보아도, 외로운 속마음을 드러내고 달래주기를 바라도

그들 스스로 이겨내고 감당해야 할 문제라며 무덤덤하기만 했다. 빚진 일도 없는데 남의 그것을 알아주어야 할 이유와 까닭이 없다는 식이었다.

많은 사람과 가까이 지내기보다는 거리를 두고 바라보는 편이 좋았다. 고독은 자유처럼 이미 익숙한 일이었다. 유유상종이라고, 마음에 들고 안 들고를 차치하고라도 서로의 생활환경이나 정서, 가치관이 다른데 굳이 자리를 함께할 필요가 없지 않나 싶었다. 누군가에 의해 흔들리기보다는 차라리 철저하게 혼자가 되어 나만의 세계에 오롯이 있고 싶었다. 좋은 쪽으로든 나쁜 쪽으로든 평가받는 것이 불편했다. 블로그는 있었지만 읽기 전용만 허용했을 뿐이지 댓글 달기는 차단했다.

은폐는 일종의 자기 보호 본능이 아니었을까. 자기가 세운 삶의 기준과 방향을 무너뜨리지 않으려는 고집, 자신의 이데아를 꿈꾸는, 자기의 뜻대로 되지 않는 이 집단에서 벗어남으로써 자신의 성역을 지키고자 하는 비밀스러운 선택이 아니었는지 모르겠다. 그래서 이 공간에 나의 세상을 만들어놓고 잘 살아가고 있다고 스스로 위안과 위무를 하는 것은 아닌지. 그것은 나에 대한 자존감이지만 결국 타인에 대한 불신감과 같은 것이었다.

현실로부터 얼마간 거리를 두고자 하는 내 삶의 본질은 나와 맞지 않는 세상의 회피적인 행동에 더 가까웠던 것 같다. 어리석음을 닮

은 단순함, 현실 감각이 결여된 무모함, 둔감함에 더 가까워 보이는 조연함이었다. 용기도 없고 살하는 섯노 없는 보호함과 어중간함에서 오는 패배 의식이거나, 가난하다거나 출세하지 못한 자책감이나 열등감은 혹시 아니었을까. 지혜보다는 지략으로 살아야 하는 삶에 익숙하지도 못하고, 살아내기 위해 때로는 작위적이고 가식적인 상황에 순치적이지도 못한 자신에 대한 불만이었는지도 모른다.

하지만 "내 일은 내가 알아서 한다."라는 식의 과도한 자주성이 의존성의 뒷면이라는 것을 이제는 안다. 나 역시 내면에는 누군가에게 보호받고 사랑받고 싶은 마음이 억압되어 있었다. 자존심 때문에 겉으로 드러나지는 않았지만, 교감을 나눌 누군가를 끊임없이 찾고 있었다. 자신의 성채 속에 갇혀 스스로 만족한다는 역설적 자유는 어쩌면 세상 속으로 편입되고픈 갈망의 다른 표현이거나 욕구의 반작용일 수도 있었다. 세상을 향해 문을 열어달라고 자신의 문 앞에서 애만 태우고 있었는지도 모른다.

지난 삶을 되돌아보면 주변의 '도움'과 '관계' 없이 산 적이 없었다. 어쩌면 그 힘으로 살아왔는지도 모른다. 부모와 형제, 친지 등 가족이 있었고 친구와 동료, 이웃 등 지인이 있었다. 힘이 빠질 때마다 그들의 격려와 기도가 있었고, 어려울 때마다 그들에게 기대고 의지하며 이겨냈던 것도 엄연한 사실이었다.

닫혀 있는 문은 남이 쌓아놓은 경계가 아니라 결국 나 자신의 벽이었다. 사람을 사랑하는 일에 나와 문화와 정서가 다르다는 이유

시간 밖의 시간으로

로, 가치관과 세계관과 우주관이 다르다는 이유가 무슨 의미가 있을까. 나의 완벽주의 성향 때문에 상대방의 온전함을 강요하는 것도 물색없는 일이 아니었을까. 같은 문법, 같은 온도를 가진 사람을 찾느라 세상 모든 일에 편견과 선입견만 앞세운 꼴이 아니었을까.

문을 열기가 힘들었다. 어쩌다 살며시 문을 열었다가도 조금만 마음 상하는 일이 있으면 황급히 닫았다. 남의 시선을 의식하면서 강한 척을 하려고만 했지 외롭고 힘에 겨운 내 감정을 누군가에게 말하는 훈련은 하지 못했다. 내 안의 불편한 감정은 남의 위로가 아니라 시간이 지나면 다 해결될 것이라고 생각했다. 상처받기 싫어서 '관계'밖에서 혼자만 편해지려는 습관에 너무나 익숙해진 결과였다.

열리지 않는 문은 인간 사이의 간극을 말함이 아닐까. '나'와 '너'의 관계가 '우리'가 되고, 사람과 사람과의 관계가 나와 세상과 소통이 되고, '나누어짐'을 통해 비로소 서로의 존재를 확인하는 길이 되는 것이 아닐까. 어쩌면 사람이 산다는 것은 서로 관계 맺는 일에 불과할지도 모른다. 인간은 홀로 났다가 홀로 떠나지만 살아 숨 쉬는 마지막 순간까지 한 줌의 관심과 위로를 갈구하는 나약한 존재라고 말하지 않았던가.

빗장을 걸어 잠근 '마음의 문'을 열어야겠다. 죽을 때까지도 깨우치지 못하는 깨달음보다 덜 숙성하고 덜 알더라도 서로 위로하고 격려하면서 살아가는 것이 생의 중심, 세계의 한가운데로 나아가는 일

임을 알아야겠다. 봄을 맞으러 창문을 열듯, 경계를 지우는 스푸마
토 기법처럼 그동안 꽁꽁 닫힌 문을 열어젖히고 싶다.

*이 도서의 국립중앙도서관 출판예정도서목록(CIP)은 서지정보유통지원시스템 홈페이지
(http://seoji.nl.go.kr)와 국가자료종합목록 구축시스템(http://kolis-net.nl.go.kr)에서 이
용하실 수 있습니다. (CIP제어번호 : CIP2020040643)

**경남
산문
선**

시간 밖의 시간으로

57   허석 수필집

1쇄 펴낸날   2020년 10월 1일

지은이   허   석
펴낸이   오 하 룡

펴낸곳   도서출판 경남
주 소   창원시 마산합포구 몽고정길 2-1
연락처   (055)245-8818
이메일   gnbook@empas.com
출판등록   제1985-100001호(1985. 5. 6.)
편집팀   오태민 심경애 구도희

ISBN   979-11-89731-68-7-03810

ⓒ허석

＊잘못된 책은 바꿔 드립니다.
＊저자와 협의 인지 생략합니다.
＊이 책은 □경남문화예술진흥원의 문화예술지원을 보조받아 발간되었습니다.

〔값 13,000원〕